생물학무기

차례

Contents

미생물의 능력

곰팡이, 세균, 바이러스……이들을 통틀어서 미생물이라 부른다. 이 단어들을 들으면 인간에게 질병을 일으키는 병원균이라는 생각이 먼저 떠오르기 때문에 불쾌한 기분부터 든다. 그러나 이들은 질병을 일으키는 것 외에도 요구르트, 치즈, 술등을 만들고, 유기물을 분해하여 물질을 순환시키고, 항생제나 인체에 필요한 단백질들을 대신 생산하는 좋은 역할도 한다. 현재 우리는 미생물을 여러 방면에 이용하고 있지만, 미생물은 250만 년 전에 인간이 지구에 나타났을 때보다 훨씬 이전인 35억 년 전에 나타나 먼저 지구를 지배하였다. 즉, 미생물은 모든 생명의 시작점이며, 우리들도 미생물로부터 진화한 결과물이자 미생물의 후손이라고 할 수 있다. 더하여 앞으로 시간이 엄청나게 경과하여 인간과 다른 생물들이 지구에서 사라진다고 하여도 이들 미생물들은 계속 지구에 남아서 또 다른 생명체의 탄생과 멸망을 지켜볼지도 모른다.

미생물은 매우 작아서 크기가 0.1㎜ 이하이고, 현미경으로 보아야만 그 형태를 관찰할 수 있다. 곰팡이 같은 경우에는 수조 개의 각 개체들이 함께 뭉쳐 자라기 때문에 우리들의 눈에 보이지만, 그 외의 미생물들을 눈으로 본다는 것은 불가능하다. 미생물은 이처럼 작은 생명체이지만 자신보다 훨씬 큰 생명체를 죽일 수 있는 무서운 능력을 갖고 있다.

인류의 역사는 전염병과 함께 해왔으며 페스트, 티푸스, 천연두와 같은 전염병은 인류의 역사에 큰 영향을 끼쳐 새로운 시대를 열게 만들었다. 질병 이외에 전쟁도 인류의 역사와 함께 해왔으며, 전쟁에 미생물에 의한 전염병이 수반되면 그 피해는 상상할 수 없을 정도로 큰 영향을 끼쳤다. 전염병이 전쟁의 승패 자체를 바꾼 경우도 허다하고 인류의 역사를 결정한 경우도 많다. 아무리 적이 침범하지 못하도록 요새를 만들고 견고하게 봉쇄한 군사 작전이라 하더라도 전염병은 이 경로를 뚫고 들어갈 수 있다. 특히 전쟁이 장기간 지속되면 식량과 물 공급이나 하수 처리 등의 문제가 발생하고, 게다가 영양결핍까지 수반되면 전염병이 퍼질 수 있는 가능성은 더욱 커진다. 전염병을 일으키는 미생물들은 이런 기회를 잘 이용하기 때문에 오랜 전쟁 상황에서도 매우 유리한 위치를 점하고 자신들의 능력을 발휘하게 된다.

생물학무기는 전쟁과 같은 특별한 상황 또는 일반인들에 대한 테러에 이용할 목적으로 개발되었다. 중세시대까지는 죽은 시체에서 나오는 부패한 악취가 전염병을 일으킨다고 생각하여 시체를 생물학무기로 이용하였다. 이후, 전염병을 퇴치하기 위한 인간의 노력으로 근대 미생물학이 발달되었으며, 병원균에 대한 인식이 확대되면서 기존에 존재하던 병원균들을 생물학무기로 이용하는 많은 연구들이 진행되어 전투와 테러에 이용되었다. 현재는 유전공학을 이용하여 생물학무기들의 독성과 감염력을 보다 강하게 만들기 위한 연구가 진행되고 있으며, 다른 한편으로는 같은 기술을 이용하여 생물학무기를 막기 위한 치료제와 백신 등의 연구가 진행되고 있다.

9.11 테러 이후의 탄저균 우편물은 전세계를 생물학무기의 공포로 몰아넣었다. 생물학무기는 여타 무기들과 비교하여 저렴한 비용으로도 제조가 용이하고 파급효과는 엄청나기 때문에 엄청난 재앙으로 돌아올 수도 있다. 여기서 우리는 생물학무기에 대하여 돌이켜보면서, 이들이 어떻게 인류에게 고통을 끼치고 인류의 역사를 바꾸어 왔으며, 앞으로 또 어떤 새로운 변화를 일으킬 수 있는가를 알아보려고 한다.

세균과 바이러스

과학의 발전에서 실험과 관찰은 중요한 수단이며, 실험과 관찰을 돕기 위한 많은 기구들이 고안되었다. 미생물학의 발전에 있어서 인간들에게 기존에 보이지 않던 세계를 볼 수 있게 만들어 준 현미경의 개발은 매우 큰 의미가 있다. 그러나 최초로 현미경을 개발한 사람에 대한 기록은 남아 있지 않다. 이탈리아의 말피기가 현미경을 이용하여 개구리 허파에서 모세혈관을 관찰하였다는 기록과 1665년 로버트 훅이 자신이 만든 현미경으로 나무껍질인 코르크를 관찰한 결과 작은 방으로 구성되어 있다는 것을 확인하고 그 방들을 세포라고 명명한 기록만이 남아 있다. 현미경을 사용하여 여러 작은 생물을 살펴보고, 또 그 과정에서 여러 종류의 미생물의 세계를 확인하여 '미생물의 아버지'로 불리게 된 사람은 네덜란드의 안톤 벤 레벤후크로 그는 렌즈 연마술과 금속 세공술을 익혀서 419개의 렌즈를 직접 갈아 만든 기술자였다. 그는 1673년 자신이 만든 현미경으로 낙수물을 관찰하다가 사람의 눈으로 볼 수 없는 미생물이 이동하는 것을 발견하였으며, 시냇물이나 다른 곳에서도 미생물을 발견하였다. 이 결과는 R. 그라프라는 과학자를 통하여 영국 왕립협회에 보고되었으며, 이어서 그는 적혈

레벤후크의 현미경.

구와 정자도 발견하였고, 1683년에는 세균의 그림을 그려서 세균을 발견한 최초의 과학자로도 기록되었다.

파스퇴르(Pasteur, Louis)는 프랑스의 화학자로 물질의 화학 조성, 결정구조, 광학활성과 같은 입체화학을 연구하였다. 그러나 대학교수로 근무하던 릴 대학 부근의 양조업자의 의뢰를 받고 발효와 부패에 대한 연구를 진행하였다. 그는 젖산발효는 젖산균에 의하여 발생하고, 알코올발효는 효모균에 의해서 만들어진다는 것을 발견하였으며, 발효는 산소가 없는 상태에서 미생물이 살아가는 방법이라고 결론을 내렸다. 그 당시 프랑스의 포도주 생산업체들은 포도주의 품질관리에 실패하여 심한 경제적인 손실을 입고 있었다. 이때 파스퇴르는 포도주의 맛을 유지하는 연구를 진행하다가 포도주 맛을 변질시키는

원인은 미생물이며, 이 미생물들은 55도로 가열하면 죽는다는 사실을 확인하여 포도주의 성분은 파괴하지 않고 미생물만 죽이는 저온살균법도 개발하였다. 이후 미생물을 이용하여 알코올에서 아세트산을 만들어내는 방법을 고안하였고, 양잠업에 큰 피해를 주는 누에 전염병에 대한 예방책도 고안하였다.

그러나 무엇보다도 중요한 파스퇴르의 업적은 중세부터 내려온 절대적인 권위인 '생명의 자연발생설'을 무너뜨렸다는 사실이다. 이전에는 구더기는 썩은 고기에서 발생하고, 개미는 꿀에서 발생하고, 미생물은 상한 국물에서 발생한다는 자연발생설이 정설로 믿어지고 있었다. 1664년 벨기에의 의학자인 헬몬트도 땀에 젖은 더러운 셔츠와 밀 이삭을 오랜 기간 방치하면 셔츠에 배인 땀의 생명력에 의하여 쥐가 발생하였다고 주장하였다. 그러나 4년 후 이탈리아의 의학자인 프란체스코 레디는 썩은 생선을 병에 넣고 한쪽은 가제로 뚜껑을 만들고 다른

파스퇴르.

쪽은 뚜껑을 덮지 않는 비교실험으로 자연발생설을 뒤집었다. 그렇지만 1745년 영국의 박물학자인 니담은 고기 육즙을 끓이고 코르크 마개로 막은 상태로 오래 두면 미생물이 생긴다는 결과를 보이고 자연발생설을 다시 주장하였다. 이에 대하여 1786년, 스팔란차니가 밀봉된 플라스크에

서 고기 육즙을 넣고 끓이면 미생물이 발생하지 않는다는 결과와 멸균 시간이 짧으면 죽지 않고 생존하는 미생물도 있다는 사실도 밝혀냈지만, 자연발생설을 주장하는 과학자들은 밀봉이 되면 공기가 들어가지 못해서 미생물이 발생하지 않았다고 주장하였다. 파스퇴르는 백조목 플라스크라 불리는 목이 길게 굽어진 플라스크에 고기 육즙을 넣고 가열하였으며, 가열 과정에서 열이 공기의 발생능력을 없앤다는 말을 무마하기 위하여 뚜껑을 개봉하였다. 이 실험 결과 플라스크에서는 미생물이 발생하지 않았으며 자연발생설에 최종적으로 종지부를 찍게 되었다. 이후 파스퇴르는 탄저병, 폐혈증, 산욕열의 병원체를 밝혀냈고, 1879년에는 닭 콜레라의 독력을 약화시킨 배양균을 닭에 주사하면 면역이 발생한다는 것을 입증하고, 탄저균 백신을 가축에게 적용하였으며 광견병 백신도 개발하였다.

같은 시기에 이탈리아의 생물학자인 바시는 1835년, 당시 이탈리아의 양잠업에 큰 피해를 입히는 누에병을 일으키는 곰팡이를 발견히였다. 1843년 미국 하버드 대학의 해부학과 교수인 홈스는 분만한 산모에게 발생하는 질환인 산욕열의 원인이 세균이라는 사실을 밝혔고, 1847년 헝가리의 의사인 젬멜바이스는 손을 소독하지 않은 의사에 의하여 한 환자에게서 다른 사람에게 산욕열이 전염되는 것을 증명하고 의사들에게 소독약으로 손을 씻으라고 주장하였지만, 당시 스스로를 특별한 계층이라고 생각하고 있던 의사들에게 따돌림만 당하였다. 영국의 의사였던 조셉 리스터는 수술한 상처 자리에 소독약을 사용하여 감염률을 낮추었으며, 수술 성공률을 높였다.

　뒤이어서 독일의 코흐는 세균의 배양법, 고정법, 염색법과 현미경 사진 촬영법을 개발하였고, 더하여 어떤 병원체에 의하여 질병이 발생하는 것을 입증하기 위한 '코흐의 법칙'을 고안하였다. 코흐의 법칙은 4단계로 구성되며 1)해당 질환의 환자들에게서 공통의 병원체가 발견되어야 하고, 2)환자에게서 분리된 병원체가 실험실에서 배양되어야 하며, 3)배양된 병원체가 실험동물을 대상으로 한 실험에서 환자들과 같은 증상을 유발하며, 4)병원체를 감염시킨 실험동물에게서 분리한 병원체가 실험실에서 다시 배양되어야 한다는 모든 사실이 충족되었을 때에 특정 병원체가 특정 질환을 일으킨다는 것이 입증되는 것이다. 코흐 이후의 학자들은 코흐의 방법을 활용하거나 더욱 발전시켜서 임질균(1879, 나이세르 발견), 장티푸스균(1880, 에베르트), 나병균(1880, 한센), 디프테리아균(1884, 키타사토와 예르상), 이질균(1898, 시가), 매독균(1905, 샤우딘)과 같은 병원균을 발견하게 되었고, 코흐는 '세균학의 시조'라는 영광스러운 칭호를 얻게 되었다. 그뿐만 아니라 코흐는 사람이나 가축에 공통으로 발생하는 전염병의 한 가지인 탄저병의 병원균을 발견하고, 이어서 결핵균, 콜레라균도 발견하여 세균에 의하여 전염병이 일어난다는 사실을 입증했다. 코흐는 1905년 결핵균의 발견과 결핵에 대한 연구 결과로 노벨 생리의학상을 받았고, 결핵균의 연구도 값진 연구이지만 세균이 전염병의 원인이라는 사실을 입증한 '세균병인설'을 확립하였다는 것에 더 큰 의미가 있다.

파스퇴르와 코흐의 발견 이후 여러 가지 전염병의 병원체가 속속 밝혀져 전염병의 수수께끼가 모두 풀려지는 듯했지만 세균이 그 병원균이라고 믿기에는 의심스러운 전염병이 몇 가지 있었다. 그 대표적인 예가 홍역, 천연두, 소아마비, 인플루엔자 등이며 광견병도 그 중 하나이다. 파스퇴르는 광견병을 일으키는 독소를 미친개로부터 분리하여 토끼 혈청으로 독성을 낮추어서 효과적인 백신으로 개발하였지만 실제로 광견병의 병원체를 확인하지는 못하였다. 이와 같은 질병이 발생한 환자의 혈액이나 생체 조직은 현미경으로 검사하고, 또 인공 배지(培地)에 환자의 조직을 배양해도 세균과 비슷한 병원체를 찾을 수 없었기 때문에 미생물학자들에게 이들 질병은 여전히 수수께끼였다. 그러나 1892년 러시아의 이바노프스키가 이들 질병을 일으키는 병원체를 최초로 확인하였다. 이바노프스키는 많은 시도에도 불구하고 담배모자이크병의 세균은 확인하지 못하였다. 그는 모든 세균이 걸러질 만큼 구멍이 미세한 세균 여과기를 이용하여 병에 걸린 담뱃잎의 즙을 통과시켰지만 병원체를 걸러낼 수 없었고, 여과기를 통과한 즙이 다른 담뱃잎에 모자이크병을 유발한다는 것을 발견하여, 이 여과기를 통과한 병원체는 일반적인 세균보다도 크기가 훨씬 작은 병원체라고 추정하였다. 이어서 1898년 독일의 뢰플러와 프로슈는 고열이 발생하고 입안의 점막 및 발톱 사이의 피부에 물집이 생겨 짓무르는 소의 질병인 구제역의 병원체 역시

11

세균 여과기를 통과한다는 것을 발견하였다. 같은 해 네덜란드의 바이어링크는 이와 같이 세균 여과기를 통과하는 작은 병원체를 라틴어로 독액이라는 의미인 '바이러스'라고 명명하였다. 그 후, 황열, 광견병, 우두 등의 전염병과 식물의 전염병 바이러스가 다수 발견되어 이들은 모두 같은 성질을 가졌다는 것이 알려졌다. 1915~1917년에 트워트와 데렐은 세균을 파괴하는 박테리오파지(bacteriophage)[1]를 발견하였으며 후에 이것이 세균에 감염되는 바이러스라는 사실이 확인되었다. 1933년 전자 현미경이 개발되자 사람들은 바이러스의 형태를 눈으로 확인할 수 있게 되었으며 1935년 미국의 스탠리는 담배모자이크 바이러스를 단백질 결정체로 분리하는데 성공하였다.

1910년대부터 전염병에 효과가 있는 물질들이 과학자들에 의하여 발견되어 미생물과의 전쟁에 전기를 마련하기 시작하였다. 독일의 의학자인 에흘리히는 인체에는 해가 없으면서 병원성 미생물을 죽이거나 성장을 억제하는 물질을 찾아서 분류하고 합성하는 실험을 실시하였다. 그는 원생동물의 일종인 트라파노소마를 콜타르, 비소, 벤젠 화합물로 제거하려고 했으나 실험에 실패하고, 연구 주제를 바꾸어 매독을 일으키는 미생물인 트리포네마 팔리듐(Treponema pallidum)을 물리치는 물질을 찾아 나섰다. 그 결과 그는 비소를 포함하는 살바르산이라는 약제를 개발하게 되었다. 1928년 스코틀랜드의 미생물학자인 플레밍은 눈물과 타액 등의 분비액과 일부의 동물조직에서 발견되며 항생효과를 보이는 효소인 라이소자임을 연구하였다. 그러던 중 라이소자임의 효과를 실험하기 위하여 사용하던 세균인 포도상구균을 배양하는 배지가 오염되어 예상치 못한 푸른 곰팡이인 페니실리움이 자라는 것을 확인하였다. 그는 페니실리움이 자란 주위에 포도상구균이 자라지 못하는 것에서 페니실리움에 세균의 성장을 억제하는 물질이 있다고 확신하여 그 물질을 찾는 연구를 지속하였다. 결국 그는 항균물질을 찾아내서 페니실린이라고 명명하였다. 그렇지만 페니실린을 실제 이용 가능하게 만든 사람은 옥스포드 대학의 생화학자인 플로리와 체인으로 이들은 페니실린을 순수 정제 후 임상시험을 실시하여 실제 사람들이 페니실린을 이용해도 문제가 없다는 것을 입증하였다. 플레밍, 플로리, 체인의 3인은 페니실린을 발견하고 실제 이용 가능하게 하여 인류의 복지에 공헌하였다는 이유로 1945년에 공동으로 노벨상을 수상하였다. 1939년 미생물학자인 두보스는 바실러스 브레비스(*Bacillus brevis*)에서 항생물질인 그라미딘과 타이로시딘을 발견하였으며, 1943년 왁스만은 방선균의 일종인 스트렙토마이세스 그리세우스(*Streptomyces griseus*)에서 스트렙토마이신을 발견하여 병원성 미생물과의 전쟁에서 새로운 무기들을 제공하였다. 1930년대부터 화학자들이 새로운 항생제를 지속적으로 합성하고, 미생물학자들이 미생물로부터 새로운 항생제들을 찾고 있지만, 다른 한편으로는 병원성 미생물들의 항생제 내성도 지속적으로 증가하고 있어서 인간과 미생물 간의 주도권을 잡기 위한 쟁탈전은 지금까지 지속되고 있다.

생물학무기의 종류

생물학무기란 사람, 동물, 식물에 질병을 유발시키거나 물질을 변질시키기 위해 군사작전 또는 테러에 사용하는 미생물과 독소를 말한다. 더하여 생물학무기는 전투병력 및 민간인을 살상 혹은 무능화시키거나 음식물 및 보급품 사용을 억제하기 위해서 사용될 수도 있다. 생물학무기의 범주는 국가별로 다소 차이가 있지만 미국의 경우 현재 탄저균, 천연두, 페스트, 보툴리눔 독소, 야토병, 부르셀라증, Q열, 바이러스 출혈열, 바이러스 뇌막염, 포도상구균 장내독소 B 등 모두 열 가지의 전염병 유발 인자를 생물학무기의 범주에 두고 있다.

생물학무기 중 살아있는 유기체로서 인체에 피해를 주는 미생물은 곰팡이, 세균, 리케치아2), 바이러스 등이며 최근에는 마이코플라즈마[3] 등도 생물무기로 사용될 가능성이 커지고 있다. 현재 잘 알려져 있는 미생물 계열의 생물학무기는 탄저균, 페스트, 콜레라 등 7종의 세균과 티푸스균 등 7종의 리케치아, 그리고 뇌염, 황열병 등을 유발하는 14종의 바이러스가 있다. 대부분의 미생물은 수시간에서 수일 동안 발아, 증식, 노쇠, 소멸 단계의 생존 주기를 거치며 바람과 강우, 태양광선과 같은 기상에 많은 영향을 받기 때문에 인체에 침투하지 못할 경우 대부분 사멸된다. 그러나 탄저균과 같이 보호막을 형성할 수 있는 일부 세균들은 다른 미생물보다 장기간 생존할 수 있다.

독소는 화학 및 생물학 기술의 발달과 더불어 동물, 식물, 병원균의 체내에서 추출한 유독성 생화학 물질이다. 독소 중에 일부는 인공적으로 대량생산이 가능하며, 보툴리눔 독소 등 8가지의 독소들이 생물무기로 분류되어 있다. 독소는 크게 세포독소와 신경독소로 구분하며, 세포독소는 단백질 합성이나 신진대사 과정에서 세포를 파괴하기 때문에 소화기, 호흡기 또는 혈액순환 계통, 피부와 같은 다양한 조직에 영향을 미치며 신경독소는 신경의 전달물질과 같은 경로를 통하여 신경을 마비시켜서 사망하게 만든다. 생물학무기에서 병원성 세균과 바이러스는 24시간에서 6주 내에 증상이 나타나며, 독소는 몇 분에서 몇 시간 내에 사람들의 생명을 앗아갈 수 있다.

탄저균

탄저병을 일으키는 탄저균은 대표적인 생물학무기로 알려

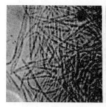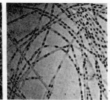

코흐가 찍은 최초의 탄저균.

져 있다. 탄저균은 바실러스 안트라시스(*Bacillus anthracis*)라는 공식 명칭을 갖고 있는 흙 속에 서식하는 세균으로 길이 4-8μm, 너비 1-1.5μm이다. 주변 환경조건이 나쁘면 포자를 만들어서 건조상태로도 10년 이상 생존한다. 탄저병은 탄저균의 포자를 섭취해야 일어나며 주로 소, 양 등의 초식동물에게 발생하고 육식동물이나 사람에게는 발생 빈도가 적은 편이다. 탄저균의 포자에서 생성되는 독소가 혈액 내의 면역세포에 손상을 입혀서 쇼크를 유발하며, 심하면 급성 사망을 유발시킨다. 탄저균은 가열, 일광, 소독제 등에도 강한 저항성을 나타내기 때문에 탄저균에 오염된 것은 모두 소각하든지 아니면 철저하게 소독해야 한다. 사람이 탄저균을 접촉하게 되는 경로는 주로 동물의 배설물이나 사체 또는 흙을 통한 방법이며, 피부나 호흡기를 통하여 체내로 들어오거나 곤충에 물려서 감염되는 경우도 있다. 탄저균을 섭취하면 초기에는 병이 잠복한 상태로 감기와 유사한 증상이 나타나고, 이어서 폐에 울혈이 발생한다. 그러다 일정 시간이 경과하여 엄청난 수의 병원균이 자라면서 생명체를 죽음으로 이끌며 탄저균의 포자는 땅 속에 묻은 시체에서도 몇 년간 생존한다.

탄저균을 무기로 사용하려는 시도는 그 역사가 깊다. 제1차 세계대전 당시 독일에서 연합군의 가축을 몰살시키려는 목적으로 연구를 진행하여 실전에 이용하였지만 효과를 보지는 못하였다. 제2차세계대전 당시에 미국, 일본, 독일, 소련, 영국 등이 경쟁적으로 탄저균을 생물학무기로 개발하였으며, 특히 영국이 스코틀랜드 북부의 그뤼나드 섬에서 탄저균 폭탄을 이용하여 실시한 실험과 일본 731부대의 실험이 유명하다. 이후 1978년 구 소련에서는 탄저균 유출 사고로 수많은 가축과 70여 명의 사람들이 사망하였다. 이라크 및 일본의 오움진리교에서도 탄저균을 이용하기 위한 연구를 진행하였으며, 9.11 테러 이후 미국에서는 우편 테러에 이용되는 등 대표적인 생물학무기로 알려져 있다.

탄저균이 생물학무기로 각광을 받는 이유는 여러 가지가 있다. 탄저병 감염 후 발병하고 하루 안에 항생제를 다량 복용하지 않으면 80% 이상이 사망할 정도로 살상능력이 뛰어나다. 천연두의 사망률이 30%인 것에 비교할 때 매우 높은 효과를 보이고 있는 것이다. 또한 탄저균 100kg을 대도시 상공 위로 저공비행하며 살포하면 100-300만 명을 죽일 수 있으며, 이는 1메가톤의 수소폭탄에 맞먹는 살상 규모이다. 탄저균이 생물학무기로 주목받는 또 다른 이유는 분말 형태로도 제작이 가능하여 보관과 이용이 편하다는 사실이다. 이처럼 이용하기 쉽기 때문에 테러리스트들의 수중으로 들어갈 때 민간인의 생명이 더 위협 받을 것이 예상되며, 특히 일본의 오움진리교나 9.11 테러 이후 우편 테러는 탄저균의 위험성을 충분히 입증한 예이다. 탄저균에 대한 예방법인 탄저백신은 이라크와의 걸프전 당시 미국 군인들부터 시작해 군무원들까지 확대 접종되었지만, 일반인들에게 공급할 수 있을 정도로 많은 양을 생산하고 있지는 않으며 백신의 부작용도 많이 보고되고 있는 상황이다. 그 외의 치료법으로 항생제인 '시프로'가 있으나 탄저균은 항생제에 대한 내성이 늘어나고 있으며 환경변화 적응력도 강해서 큰 효과는 기대하기 어렵다.

천연두

천연두는 폭스 바이러스 그룹에 속한 바이러스에 의하여 발생하는 감염성 질환이다. 이는 선사시대부터 내려온, 인류에게 가장 큰 재앙 중의 하나였다. 우리 나라에서는 흔히 '마마'로 불리며 귀신이 사람의 목숨을 앗아가는 것으로 생각해 왔다. 전형적인 천연두는 2주 이내의 잠복기를 거친 후 갑자기 발열과 두통 및 요통이 발생하고, 2일 후에는 붉은색의 피부 병변이 온몸에 나타난다. 시간이 경과한 피부 병변은 수포가 되고 1주 정도가 되면 수포는 농이 차는 농포로 바뀌며 이 무렵 폐혈증, 폐렴, 후두염, 늑막염 등의 합병증으로 사망할 가능성이 높아진다.

천연두는 기원전 1만 년 전 아프리카의 북동쪽에서 농사를 위하여 인류가 정착할 무렵부터 발생하기 시작한 것으로 추정되고 있다. 천연두로 생각되는 피부 병변을 보여 주는 증거 중에 가장 이른 것은 이집트의 18-20대 왕조(기원전 1570~1085) 시대의 미라가 있고, 기원전 1157년에 젊은 나이로 죽은 람세스 5세의 미라도 천연두의 흔적을 보이고 있다. 천연두의 역사 기록으로 최초의 것은 기원전 13세기 이집트와 히타이트 간의 전쟁 중에 유행했다는 기록이 남아 있다. 기원전 4세기에 아테네에서도 천연두가 유행하였으며, 아테네인 투시디드스는 천연두를 앓았으나 생존한 자는 나중에 천연두에 대해 면역을 갖는 것을 관찰하였고, 아랍의 과학자인 라제즈가 910년 이 사실을 재확인하여 기록을 남겼다.

천연두는 서구 문명의 발달에 지대한 영향을 미쳤다. 서기 180년경 로마제국 쇠퇴의 시작은 천연두의 대유행 시기와 일치하며, 당시 천연두로 인하여 350-700만 명이 목숨을 잃은 것으로 추정되고 있다. 이후 천연두는 십자군에 의해 아랍세계로 전파되었으며 신대륙을 찾아 나선 탐험자들을 통하여 서인도 제도에도 확산되게 되었다. 그러나 무엇보다도 전세계의 역사에 가장 큰 영향을 끼친 일은 스페인과 포르투갈 정복자에 의하여 신대륙에 천연두가 전파된 사실이다. 천연두의 전파는 신대륙의 원주민 인구를 급속히 줄였으며, 아즈텍, 마야, 잉카 제국을 멸망시키는데 영향을 미쳤으며, 이와 비슷한 인구의 감소가 북아메리카의 동부 해안에서도 발생하였다. 천연두는 1614년 유럽에서 다시 대유행을 하였고, 1666년에서

1675년까지 영국에서, 17세기 중에는 아메리카 식민지에서도 발생하였다. 영국군은 북아메리카에서 천연두 수포나 농이 묻은 모포를 이용하여 인디언들에게 천연두를 전파시킨 일도 있다. 또, 북아메리카에 팔려온 노예들 역시 아프리카에서 유행된 천연두를 아메리카에 전파시켰다.

천연두를 앓고 사망하지 않은 사람들은 천연두에 대하여 면역을 갖게 된다는 사실을 오랜 경험으로 알고 있었기 때문에 당시의 의사들은 천연두를 약하게 앓은 사람들로부터 얻은 수포, 농 또는 딱지를 분말로 만든 후 이를 다른 사람의 코나 피부를 통하여 주입하여 면역을 얻도록 하는 방법을 이용하였다. 이러한 방법을 종두라 하며, 영국에서 제너가 종두를 실시한 때인 1796년보다 1세기 이전부터 중국과 인도에서 이미 이용되었고, 아랍세계를 거쳐서 유럽으로 전해지게 되었다.

제너는 흔히 종두를 최초로 실시한 사람으로 알려져 있지만, 이것은 사실이 아니다. 제너 이전에도 유럽에서는 종두에 대한 기록이 많이 남아 있으며, 실제 제너가 한 일은 소에서 발생하는 천연두 유사 질환인 우두를 종두에 이용했다는 사실이다. 제너는 13세에 당시 저명한 의사인 다니엘 루들로우의 견습생으로 일하였다. 그는 젖 짜는 여자로부터 자신은 우두를 앓아서 얼굴에 곰보자국이 생겼지만 그 대신 천연두에는 절대 걸리지 않게 되었다는 말을 듣게 되었다. 그는 나이가 들어서 의사가 된 이후에도 이 이야기가 농부들 사이에서 아주 당연한 사실로 받아들여지는 것을 알고서 우두에 천연두를 보호해주는 무엇인가가 있다고 확신하게 되었고, 자신의 생각을 입증할 기회만을 기다리고 있었다. 1796년 젖 짜는 여자에게 우두가 발생하자 제너는 그녀의 농포에서 체액을 채취하여 제임스 핍스라는 8세 어린이에게 접종하였다. 6주 후에 제너는 핍스에게 천연두 환자의 물집과 여러 분비물을 다시 접종하였지만 천연두는 발생하지 않았고, 수개월 간 반복된 실험 기간 동안 핍스에게 천연두가 발생하지 않음으로써 제너는 자신의 생각을 입증할 수 있었다. 기존의 종두는 접종된 환자에게 면역이 생기지 않아 종종 발병자가 사망하는 경우가 있었지만, 제너의 우두 종두법은 이런 위험을 사라지게 하였다. 더하여 무엇보다도 중요한 제너의 업적은 우두의 분비물은 위험하고 사람들에게 감염된다는 사회의 비난을 무릅쓰고 널리 알림으로써 민간요법으로만 시행되고 있었던 종두법을 과학적인 수준으로 향상시켰다는 사실이다. 결과적으로 근대적 의미의 예방접종이 일반화됨으로써 수많은 사람들의 목숨을 구했으며, 인구도 증가하기 시작했다.

1967년 세계보건기구(WHO)는 세계 각국에서 집중적인 천연두 근절 프로그램을 추진하기 시작하였다. 이러한 세계적인 박멸작업의 결과 1977년 소말리아에서 천연두가 마지막으로 진단되었고, 1980년에 개최된 WHO 총회에서는 천연두가 근절되었다고 공식적으로 선언했다. 1977년 당시에는 전세계의 60여 개가 넘는 연구실에서 천연두 바이러스를 보유하고 있었지만 근절 발표 이후 천연두 바이러스를 단계별로 폐기하여 현재 고도의 보안 체계 속에서 미국의 질병관리센터(CDC)와 러시아의 바이러스 대책 연구소에 보관하고 있다. 이들 마지막 천연두 바이러스에 대하여 지금까지 두 번에 걸쳐 영구 폐기하려는 시도가 있었으나 WHO의 이사회 구성원 간의 이견으로 연기되고 있다. 바이러스 파기를 반대하는 두 가지 주요 이유로는 추후에 천연두 바이러스에 대한 연구 기회가 사라진다는 것이 그 첫째이며, 두 곳의 천연두 바이러스를 파괴하는 것으로 천연두 바이러스가 지구상에서 완전히 근절된다는 보장을 확신할 수 없다는 것이 그 둘째 이유이다. 그러나 천연두가 근절되었다는 WHO의 선언 이후 20년째 천연두 백신의 접종이 실시되고 있지 않은 상태이기 때문에 천연두가 테러에 이용된다면 많은 사람들에게 큰 피해를 끼칠 것으로 예상되고 있다. 천연두 바이러스를 퇴치하는 치료법은 없고 백신만이 유일한 대비책이기 때문에 천연두에 감염되면 속수무책일 수밖에 없다.

1992년 구 소련의 미생물학자인 캔 알리벡이 미국으로 망명한 사건이 발생하였다. 그는 자신이 소련의 생물학무기 프로그램의 최고 책임자였으며, 서부 시베리아에서 천연두를 이용한 생물학무기를 개발하였다고 밝혔다. 더욱 놀라운 사실은 그가 천연두 바이러스의 유전자를 변화시켜서 보다 강력한 천연두 바이러스를 만들어 냈다는 사실이다. 또 미국 국방부의 보고서는 소련에서 개발된 천연두 바이러스가 북한과 이라크로 전해졌다고 언급하고 있다.

페스트

페스트는 유럽에서 발생한 대규모 전염병으로 부스럼으로 시작되며 전신의 피부가 검게 변하며 죽기 때문에 '흑사병(黑死病)'이라고 불렸다. 페스트의 원인균은 예르시니아 페스티스(Yersinia pestis)이며, 페스트의 주된 증상으로는 감염된 환자의 림프절이 부어오르며 고열이 동반된다. 페스트는 전신성 출혈로 피부가 검게 되는 '선 페스트'와 페스트균이 폐로 감염되어 발생하는 '폐 페스트'가 있다.

1347년부터 4년간 발병된 페스트로 유럽의 인구 7천 500만 중에서 3분의 1이 죽었다고 하며, 이후 8년에 1번 꼴로 발생하여 유럽 전체 인구의 4분의 3을 휩쓸었다고 한다. 역사학자들의 연구에 따르면 유럽에 페스트를 일으킨 페스트균은 아시아의 중국에서 시작되어, 비단길을 통하여 인도, 페르시아, 시리아, 이집트로 확산되었고 1347년에 유럽에 도달하였다고 한다. 1347년 10월에 페스트에 감염된 사람들이 시칠리아 섬에 도착하면서 유럽에 페스트가 시작되었으며, 이후 튀니지, 프랑스를 거쳐서 전 유럽을 휩쓸게 되었다. 그러나 페스트가 유럽을 강타한 것은 14세기가 처음이 아니다. 6세기경에 동로마의 유스티니아누스 황제 때에도 발생하여 전 유럽을 휩쓸었으며, 그 후에도 두 세기에 걸쳐서 국지적으로 발생하였다는 기록이 있다.

페스트의 유래에 대해서는 많은 가설이 존재하지만 확실한 설명이 이루어지지 못하고 있는 상태이다. 현재 확인된 사실은 전세계의 검은 쥐나 다른 설치류들이 페스트균의 1차 보균체 역할을 한다는 것이다. 감염된 쥐의 피를 빨아먹은 벼룩이 다른 개체에 페스트균을 옮기며, 페스트균은 벼룩의 위장이나 쥐의 혈액 속에 살고 있다가 벼룩이나 쥐가 사람을 물 때 인간에게로 옮겨간다고 한다. 페스트균의 유럽 전파에도 쥐와 벼룩이 큰 역할을 하였지만 당시에 쥐와 벼룩은 주위에서 아주 흔하게 볼 수 있었던 생물이었기 때문에 페스트균의 매개체로 의심하지 못하였다. 실제로 페스트균은 페스트가 발병한 지 500년이 지난 19세기 중엽에서야 발견되었다.

페스트가 크게 발병한 시기는 중세시대였다. 당시는 과학적인 사고보다는 종교적인 믿음이 중요했기 때문에 페스트의 발병 원인을 신의 진노로 받아들였다. 그래서 교황은 페스트를 막기 위하여 3일 동안이나 계속된 종교 행렬을 인도하였고, 2천 명의 사람들이 교황의 뒤를 따랐다고 한다. 또 1348년에 발생한 지진으로 더러운 냄새에 공기가 오염되어 페스트가 발생하였다는 주장도 있었고, 토성, 목성, 화성이 1345년 3월 30일에 물병자리의 40도에 정렬하여 그 결과로서 발생하였다는 비과학적인 주장도 있었다.

당시에 페스트에 대한 치료로는 향을 태우거나, 공기를 정화하는 일밖에 할 수 없었으며, 이때부터 향기요법이 시작되었다. 그리고 당시에는 페스트 환자의 운명이 오직 신에게만 달려 있다고 생각하였기 때문에 의사들의 역할은 환자의 고통을 덜어주는 것 정도로 여겨졌으며, 환자들은 페스트 종기를 찔러서 피를 내는 정도의 치료만을 받았다. 환자가 갑자기 회복되더라도 그 원인을 의사의 치료 때문이라고 보기보다 운으로 돌렸다. 더하여 중세는 가톨릭이 지배하는 시대였기 때문에 예수를 못박아서 죽인 유대인들은 유럽에서 영원한 이방인이었다. 이런 이유로 당시 사회에서는 페스트를 신의 분노로 여기고 페스트가 발생하게 된 것은 유대인들 때문이라는 주장을 펼치며 유대인을 박해하였다.

페스트는 세계 역사에도 큰 영향을 끼쳤다. 영국과 프랑스 간의 백년전쟁이 페스트 때문에 한동안 중단되기도 했다. 그러나 무엇보다도 중요한 영향은 페스트로 인해 인구가 격감하여 노동력이 크게 부족하게 되었다는 사실이다. 노동력이 부족해지자 봉건 영주들은 농민에 대한 처우를 개선하게 되었으며, 이로 인해 농민의 지위가 향상되면서 중세사회가 끝나고 르네상스 시대가 열리게 되었다.

과거에 맹위를 떨쳤던 페스트는 항생제의 발달로 인하여 사람들의 기억에서 사라져가고 있다. 1980년부터 1994년 사이에 전세계적으로 18,749건의 감염이 보고되었으며, 그 중에 1,853명이 페스트로 목숨을 잃었다는 통계에서도 볼 수 있듯이 페스트 환자의 수는 크게 줄어들었다. 페스트에 대한 백신은 개발된 적이 있지만 효과가 입증되지 않아서 이용되지 않고 있으며, 초기 발견시에는 항생제로 치료가 가능하다. 페스트균을 에어로졸화하여 공중 살포할 경우 폐를 통하여 감염되고 침이나 기침을 통해 급속히 확산될 수 있기 때문에 테러범들이 생물학무기로 사용할 가능성이 높다고 한다. 또 최근에 미국 질병통제 센터는 항생제에 내성을 갖는 페스트균을 발견하였다고 보고하였다. 이 항생제 내성 페스트균은 1995년에 마다가스카르에 사는 16세의 소년으로부터 발견되었으며, 페스트에 이용되는 모든 항생제에 내성을 나타냈다. 다행히도 다른 항생제인 트리메트로프린을 이용하여 제압할 수 있었지만 약간의 유전자 변이로도 중세 흑사병을 유행시킨 페스트균과 같은 변이종이 발생 가능하기 때문에 새로운 생물학무기로 세상을 위협할지도 모른다.

티푸스

티푸스는 리케치아 프로바제키(*Richettsia prowazekii*)에 의하여 발생하는 전염병으로 이가 티푸스균을 옮긴다. 티푸스균의 모습은 세균과 비슷하지만 크기는 바이러스와 비슷하고 증식을 위해서는 바이러스처럼 살아있는 세포 안으로 침입해야 하는 특징을 갖고 있다. 리케치아 프로바제키라는 티푸스균의 이름은 이 균을 연구하던 두 명의 과학자의 이름을 딴 것이다. 이들은 미국인 하워드 리케츠와 체코인 스타닐타우스 폰 프로바제크이며, 두 사람 모두 티푸스균에 전염되어 목숨을 잃었다. 또 프랑스의 미생물학자인 샤를 니콜은 사람의 몸에 서식하는 이가 티푸스를 전염시킨다는 사실을 발견하여 1928년 노벨 생리의학상을 수상하였다.

티푸스에 감염된 이가 사람에게 붙어서 병원균이 들어있는 배설물을 분비하면 사람은 가려움을 느끼고 긁게 된다. 결국 몸에 상처가 나면 티프스균들은 상처를 통하여 사람의 체내로 들어가 병을 일으킨다. 10일에서 14일 정도의 잠복기가 지나면 증상이 갑작스럽게 나타난다. 고열과 두통에 이어서 오한과 구토가 뒤따르고 전신에 근육통이 일어난다. 이후 폐렴이 발생하며 몸의 여러 부위가 썩게 된다. 티푸스는 60세 이상에게는 치명적이고 40세 정도에서는 10-15%의 사망률을 보이고 있다.

티푸스 역시 수세기 동안 전쟁을 할 때마다 따라다니던 질병으로 천연두나 페스트와 함께 역사상 가장 많은 사람을 죽인 전염병 중 하나로 기록되어 있다. 1489년 스페인 영토 회복 전쟁 중 마지막 남은 진지인 그라나다를 포위한 스페인 군대, 1582년 나폴리 성을 공격한 프랑스 부대, 1552년 메츠를 봉쇄한 신성로마제국 군대, 1556년 오스만 제국의 공격에 대항하던 헝가리 군대들이 티푸스의 희생자가 되었다. 그러나 전쟁에 영향을 끼친 최악의 상황은 나폴레옹의 러시아 원정 때 일어났다. 50만 명 이상의 프랑스 젊은이들이 원정길을 나선 곳은 티푸스가 퍼져있던 곳이었다. 혈기왕성한 그들이 티푸스 앞에 하나 둘씩 쓰러지기 시작하면서 프랑스는 6개월간의 원정에서 패퇴하고 말았으며 결국 나폴레옹은 몰락의 길을 걷게 되었다. 이후 제1차세계대전에 이르기까지 티푸스는 200

만 명 이상의 목숨을 앗아갔으며, 제2차세계대전 중에는 독일의 수용소에서도 발생하였다. 티푸스는 공산주의 혁명이 한창 진행되던 러시아에도 번져 레닌이 "사회주의가 티푸스를 물리치거나 티푸스가 사회주의를 좌절시키거나 둘 중 하나냐"라고 선언했을 정도였다. 또 티푸스는 제2차세계대전 당시에 일본과 독일에서 생물학무기로 개발이 진행되었다. 안네의 일기로 유명한 안네 프랑크는 흔히 알려진 것처럼 아우슈비츠의 가스실에서 죽어간 것이 아니라 소련군에 의한 유대인 해방 이후 병원으로 옮겨져 치료를 받던 중 티푸스에 감염되어 죽었다.

콜레라

콜레라는 비브리오 콜레레(*Vibrio cholerae*)라는 세균에 의한 급성 전염병으로 오랜 역사를 가지고 있다. 히포크라테스 시절에도 탈수를 동반하는 심한 설사병으로 기술이 되어 있지만, 1563년 인도에서의 집단 발생이 공식적인 최초의 기록이다. 콜레라의 가장 대규모 유행은 1817년 인도 갠지스 강에서 시작돼 아시아와 유럽에 이른 것이다. 1849년 유럽에서 유행했을 때에는 영국의 의사인 존 스노우가 콜레라는 나쁜 공기 때문이 아니라 세균에 의

콜레라.

한 수인성 전염병이라는 사실을 처음으로 주장, 질병의 진원지로 추정되는 우물을 폐쇄해 확산을 막았다. 당시 물을 끓여 음용하면 콜레라에 걸리지 않는다는 사실을 알게 되어, 영국에서는 티타임(tea-time)이라는 새로운 문화가 발생하였고, 이 문화는 전세계로 확대되었다. 그 후 30년이 지나 코흐가 콜레라의 원인균을 확인하였다.

콜레라는 나쁜 환경에서 전파가 잘 되는 전염병이었기 때문에, 깨끗한 집에 거주하거나 고립된 시골 별장 생활을 한 부자들에게는 잘 발생하지 않았고, 도시에 공동으로 거주하는 빈민들에게 집단적으로 발생하였다. 이런 이유로 빈민들 사이에서는 콜레라가 '빈민들을 제거하고 싶어 하는 부자들이 퍼뜨린 독'이라는 유언비어가 확산됐다. 헝가리의 경우 이런 유언비어로 농민들이 성을 포위하고 의사와 장교, 귀족들을 죽인 일도 있었다.

콜레라균은 끓는 물에서는 바로 죽고, 섭씨 10-20도의 수온에서는 비교적 오래 생존할 수 있다. 또한 체내에 들어와도 산에 약하기 때문에 대부분 위산에 의해 죽는다. 콜레라가 발병하려면 대략 1억 마리 이상의 세균이 체내에 들어와야 하므로, 오염된 음식이나 물을 함께 마시지 않는 한 주위 사람에게 전파되기는 어렵다. 콜레라는 항생제인 '테트라사이클린'을 일정량 투여하면 치료 효과를 볼 수 있다. 그러나 콜레라도 식수원이나 음식에 투여하는 방식으로 생물학무기로 이용될 가능성이 높기 때문에 위생 관리를 철저히 하여 확산을 막는 것이

최선의 방법일 것이다.

보툴리눔 독소

보툴리눔 독소는 제대로 멸균이 되지 않은 깡통 내용물이나 보존이 제대로 안 된 음식물에 클로스트리디움 보툴리눔(*Clostridium botulinum*)이 발육함으로써 생성되는 신경독으로 식중독, 구토, 시각장애, 운동장애 등을 일으킨다. 이 독소를 섭취하면 잠복기는 12-72시간이며, 이후 운동 신경과 근육이 만나는 곳에서 신경전달 물질인 '아세틸콜린'의 분비를 막아 근육 마비를 초래한다.

마우스 실험에서 확인된 바에 의하면 이 독소 1g이면 10억 마리의 마우스를 죽일 수 있었으며, 사람의 경우에도 1g으로 2백만 명을 치사시킬 수 있을 것으로 추정되고 있다. 보툴리눔 독소는 미량만으로도 치명적이기 때문에 공중 살포 외에도 식수원이나 음식물에 투입할 경우 그 파장은 엄청날 것으로 생각된다. 세계 각국에서 이 독소를 중화하여 해독할 수 있는 항체를 개발중이다. 그러나 보툴리눔 독소에는 A, B, C, D, E, F, G 등 많은 유형이 있어 어느 한 종류의 항체로 모든 형태의 보툴

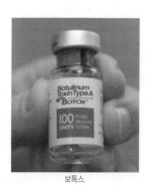
보톡스.

리눔 독소를 해독할 수 없으며, 이들 중 주요한 유형에 대해서도 효과적이면서도 인체에 안전한 항체가 아직 개발되지 못한 상태이다.

보툴리눔 독소는 사람에게 매우 치명적인 맹독이지만 '보톡스'라는 명칭의 주름살 치료제로도 유명하다. 실제로 미량을 적절히 사용하면 여러 질병의 치료제로 사용이 가능하며, 1970년대에 사시 치료를 위해 인체에 영향을 미치지 않는 용량 이하의 사용을 승인 받았으며 이후 국소 근육 마비, 1980년대에는 근육질환, 1990년대에 주름살 치료, 2000년대에는 다한증, 사각턱 등의 치료에도 사용되고 있다.

야토병

야토병의 원인균인 프란시셀라 툴라렌시스(*Francisella tularensis*)는 작고 운동성이 없는 호기성 세균이다. 야토병(또는 토끼열)이라는 명칭은 초기에 야생토끼를 접했을 때 증상이 나타나서 명명되었으며 이후 페스트와 마찬가지로 쥐, 다람쥐, 토끼 등에 기생하는 파리, 벼룩, 진드기나 이 등에 물려서 전염된다는 사실이 밝혀졌다. 오염된 동물로 만든 제품(가죽제품 등)을 통해서도 감염되며, 감염된 동물을 취급하거나 벼룩, 진드기 등에 물린 상처에 의해서도 감염된다.

1942년 소련에서 최초로 생물학무기로 이용한 것으로 추정되며, 1950년부터 1960년까지 미국에서 생물학무기로 많이 연구되었다. 다른 나라에서도 생물학무기로 연구가 진행되었을 것으로 추정되고 있지만 아직 효과적인 백신이나 치료제가 없는 상황이다. 일반적 증상은 오한, 발열, 두통, 근육통, 체중 감소 등이 있으며, 피부 종창과 결막염, 림프절 염증, 폐렴으로 발병한다. 잠복기는 1~14일로 균은 감염성이 높고 대기중에 오래 머물기 때문에 테러시 공중 분사될 수 있다. 도시에 110 파운드가 살포되면 500만 명이 감염되고, 이 중 25만 명이 장애를 겪고, 1만 9,000명이 사망할 것으로 추정된다.

Q열

Q열은 리케치아의 일종인 콕시엘라 브루네티(*Coxiella burnetii*)에 의하여 감염되는 전염병이다. Q열은 호주에서 처음 발견되

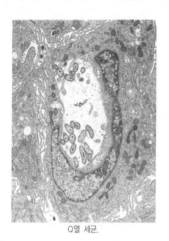

Q열 세균.

었으며, 초기에는 원인 병원균이 확인되지 않아서 의문의 열병이라는 뜻의 쿼리 열(Query fever)이라 불렸으며, 지금은 그 약자인 Q열로 불린다. 병원균은 1937년에 발견되었으며, 열과 건조한 환경에서 잘 견디는 특징이 있다. Q열의 주된 감염원은 소, 돼지, 양 등의 가축으로 이들

의 배설물이 흩어져 공기중에 부유하거나 먼지, 쓰레기와 함께 인간에게 접촉됨으로써 감염이 발생한다. Q열에 감염되면 2~4주의 잠복기간 후 갑자기 고열이 나타나고 두통, 근육통, 전신권태감이 동반된다. 고열은 몇 주에서 몇 개월까지 계속되며, 이때 Q열균은 혈관을 통하여 조직 내부로 침입하여 심장에서 심내막염, 폐에서 폐선유증을 일으킨다. 그러나 무엇보다도 중요한 특징은 병원균을 하나만 흡입하여도 질환이 발생될 수 있다는 사실이다. 이러한 이유 때문에 Q열이 생물학무기로 이용될 가능성이 높으며, 이라크와 오움진리교도 보유한 것으로 알려져 있다.

바이러스성 출혈열

바이러스성 출혈열은 여러 종류의 RNA바이러스에 의해 발생하는 다양한 질병이다. 이 중 에볼라 바이러스, 마르부르그 바이러스4), 라싸열 바이러스5), 한타 바이러스 등이 유명하다. 이들 RNA바이러스는 다양한 전파 경로를 가지며, 인체에는 호흡기계를 통해 감염될 수 있다. 감염된 환자들이 모두 바이러스성 출혈열에 걸리지는 않으며, 숙주의 상태와 바이러스의 차이에 따라 임상적으로 서로 다른 출혈성 질환이 나타난다.

한타 바이러스는 유행성 출혈열을 발생하는 병원체로 1976년 한국인 의학자인 이호왕 박사에 의하여 '한탄강'에서 분리되어, 한타 바이러스라 명명되었다. 유행성 출혈열은 우리 나

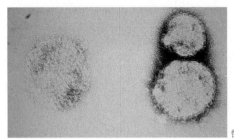

한타 바이러스.

라를 비롯하여 아시아와 유럽 등에 서식하는 등줄쥐와 집쥐의 배설물에 섞여 있던 한타 바이러스가 공중에 떠돌다가 사람이 호흡할 때 코로 들어와 전염되는 질환이다. 발열, 오한, 두통 등의 증세를 보여서 감기로 오인할 수 있지만 방치하면 호흡부전, 급성신부전, 저혈압 쇼크 등으로 사망할 수 있다. 치사율이 전체 발생환자의 5-7% 정도이며, 한국 전쟁 당시에는 유엔군에 3,200여 명의 환자가 발생하여 세계적인 이목을 받았다. 치료제는 없고 1988년 한국의 녹십자에서 세계 최초로 예방백신을 개발하였다.

에볼라 바이러스는 1967년 콩고의 에볼라 강 부근에서 독일의 미생물학자인 마르부르그가 최초로 확인하여 에볼라 바이러스라고 명명되었다. 이후 1976년 느예리 지역에서 대규모 감염사태가 발생하여 550명의 환자가 발생하고 430명이 목숨을 잃었다. 콩고 정부는 에볼라 바이러스 감염이 발생하였을 당시 군대를 동원하였는데, 이 군대의 출동 목적은 환자의 구조가 아니라 환자가 도망가는 것을 막는 것이었다고 한다. 이후 20년간 발생하지 않다가 1995년에 콩고의 키쿠위트라는 마을에서 다시 발생하였고 WHO와 미국 군대의 지원 및 철저한 검역으로 더 이상의 확산을 막을 수 있었다. 에볼라 바이러스는 혈관이나 피부, 내장의 세포를 연결해주는 콜라겐 안에서 증식하며 이들을 파괴해 나간다. 증상은 감염 후 2~14일의 잠복기를 거친 후 인플루엔자와 비슷한 가벼운 두통으로 시작하여 이후 고열과 심한 설사, 전신 출혈이 발생한다. 최종적으로 환자는 큰 발작과 경련을 일으키며 이때 전신 출혈이 발생한다. 현재 에볼라 바이러스에 효과적인 백신이나 치료제는 없고, 전염을 막기 위하여 환자 격리만이 시행되고 있다.

낙타두창

천연두와 근연 관계에 있는 바이러스로 인간에 미치는 영향은 별로 알려져 있지 않지만 이라크가 생물학무기로 개발하였다고 한다. 미국에서는 이 바이러스의 소유, 이용 및 수입을 엄격하게 금지하고 있다.

O-157

식중독을 일으키는 대장균의 하나로서 1982년 미국에서 최초로 발견되었다. O-157은 입을 통하여 체내로 침입하여 대장 안에서 증식하며 독성이 강한 독소를 장에서 방출하여 장에서 심한 복통이나 구토, 토혈을 동반하는 설사를 일으킨다. 그러나 설사를 멈추는 지사제를 복용하면 증상이 악화되며, 독소가 장 점막의 상처를 통하여 혈액으로 들어가서 척추를 통하여 뇌로 침입하면 중추신경장애가 발생하고, 신장으로 들어가면 신부전이 발생한다. 현재 치료법으로는 항생제 투여가 이용되고 있지만, 항생제는 O-157을 터트리며 죽이는 동시에 다량의 독소를 내서 증상을 악화시킬 수 있기 때문에 주의를 기울여야 한다. 더하여 설사에 의한 탈수현상을 막기 위하여 수액을 공급하고, 혈액 중에 독소가 퍼지면 혈장 교환을 하고, 신장에 대해서는 투석을 실시하여야 한다. 1994년 일본에서 11,952명의 O-175 환자가 발생하여 전세계를 공포에 떨게 하였으며, 콜레라와 같이 식수원이나 음식에 투여하는 방식으로 생물학무기로 이용될 가능성이 높기 때문에 위생 관리를 철저히 하여 확산을 막는 것이 최선의 방법일 것이다.

레지오넬라

1976년 미국 필라델피아의 한 호텔 회의장에서 재향군인대회가 개최되었다. 회의장은 들뜬 분위기였으며 여름에 접어드는 계절 탓으로 에어컨이 풀 가동되었다. 재향군인들이 한 곳에 모인 이 대회는 대성황을 이루고 막을 내렸지만 2, 3일이 지나자 참가자들에게 원인 불명의 병이 하나 둘 발생하기 시작하였다. 열이 나는 감기와 같은 증상으로 그 가운데 폐렴이 발생한 사람도 있었다. 군인을 노려 회의장에 독가스나 병원균을 살포했다는 의심도 있었고, 집단 식중독의 가능성도 제시되었지만 원인을 밝히지 못한 채 발병한 182명 중에서 29명이 사망하였다. 이후 연구가 진행되어 이 세균은 병원체로 확인되었고, 재향군인을 의미하는 레지오넬라(legionary)로 명명되었고, 질병은 재향군인병이라 불리게 되었다. 레지오넬라는 흙에 서식하는 세균의 하나로서 여름에는 냉각탑과 같은 인공시설물에서 발생하는 작은 물방울 속에 들어가서 공기중을 떠돌다가 사람과 동물의 호흡기로 감염되어 병을 일으킨다. 특히 폐렴으로 진행되면 사망률이 15-20%에 이르며, 주로 에어컨 냉각수 및 냉각탑 등 각종 건물의 냉각탱크에 서식한다.

1980년대 중반 모스크바의 오볼렌스크 연구소는 레지오넬라에 미엘린이라는 신경 주변의 덮개를 형성하는 단백질의 유전자를 삽입하였다. 이 레지오넬라를 실험용 모르모트에 주입하자 모르모트는 뇌손상과 전신 마비가 발생하여 고통 받다가 100% 죽은 것으로 보고되었으며, 이와 같은 연구가 진행된 것처럼 생물학무기로의 가능성도 제시되고 있다.

독감

독감은 인플루엔자 바이러스에 의하여 발생하는 급성 호흡기 질환이다. 독감을 의미하는 영어인 '인플루엔자'라는 단어는 1743년 이탈리아어로부터 영어에 유입되었다. '인플루엔자'는 영향을 받는다는 뜻으로 바이러스의 존재를 모르던 시대에는 별의 영향으로 독감에 걸린다고 생각하였다. 인플루엔자 바이러스는 지금까지 네 가지 형태가 발생하였다. 심각한 증상으로 죽음까지 이끌며 전세계적인 유행을 발생시킨 A형, 국지적인 전염병을 일으키는 B형, 비교적 잘 발생하지 않고 증상도 가벼운 C형, 아직까지 인간에 대한 병원성이 불명확한 D형이다. 독감은 보통의 감기와는 달리 고열, 전신근육통, 심한 피로감을 일으키고 그 뒤에는 노곤함과 우울함이 특징인 긴 회복기가 수반된다. 독감에 의한 사망률은 굉장히 낮지만, 2차 감염과 뇌염 및 심근염 등의 위험한 합병증이 발생하면 사망률은 엄청나게 늘어난다.

인플루엔자 바이러스는 RNA로 구성된 8개의 분절로 구성되어 있고, 이 RNA는 많은 수의 핵단백질과 효소들에 의해 둘러싸여 있다. 바이러스의 외피에는 M2라는 단백질과 헤마글루티닌(hemaglutinin)과 뉴라미데이즈(neuramidase)라는 당단백질을 갖고 있다. 헤마글루티닌은 인플루엔자 바이러스가 인체의 세포로 침입할 때 중요한 역할을 하고, 뉴라미데이즈는 세포에서 복제를 마친 바이러스가 세포 밖으로 나오는데 중요한 역할을 하는 것으로 알려져 있고, 이 두 당단백질이 인체에서 항원으로 인식하는 부위이다. 그러나 독감이 한번 유행할 때마다 인플루엔자 바이러스의 형태, 즉 우리 몸에서 이물질로 인식하는 항원 부위에 돌연변이가 쉽게 발생하기 때문에 한번 백신 주사를 접종하여도 다음 해에는 효과를 보기가 어려우며, 이런 이유로 '세계의 여행자' 또는 '변장술의 명수'라는 별명도 갖고 있다.

독감은 10~15년 주기로 전세계에 유행하고, 1~3년 주기로 소규모로 유행한다. 독감은 고대와 중세에도 존재하여서 기원전 412년 히포크라테스가 현재의 독감 증상과 유사한 질병을 최초로 기록하였으나, 공식적인 최초 발생의 기록은 1387년 중세 유럽이었다. 16세기에도 유럽 전체에서 유행하였고, 18세기와 19세기에도 5-10번의 대유행이 발생하였다. 지난 한 세기 동안에 전세계를 긴장으로 몰고 간 독감은 1918년 발병하여 2,500만 명 이상의 목숨을 앗아간 스페인 독감이 있다. 스페인 독감이 창궐한 당시는 제1차세계대전 중이었는데 4년간 전쟁터에서 사망한 사람의 숫자가 800만 명인데 반해 2,500만 명의 목숨을 앗아간 독감은 불과 6개월간 유행한 것이었다. 이후, 1957년 아시아 독감으로 100만 명, 1968년 홍콩 독감으로 80만 명이 사망하였으며, 1977년 러시아 독감도 맹위를 떨쳤다. 2002년 11월 2일에 영국의 BBC 방송은 1918년 유럽에서 수천만 명의 목숨을 앗아간 '스페인 독감'에 버금가는 '슈퍼 독감'의 발생 가능성을 경고하였다. 인플루엔자 바이러스는 사람들 간의 약간의 신체 접촉이나 공기로도 전염이 용이하기 때문에 생물학무기로 이용된다면 스페인 독감 이상의 피해가 예상되고 있다. 더하여 2003년 7월 텍사스 대학의 모하메드 마지드 박사의 연구팀은 의학 전문지인 「왕립의학회지」에 스페인 독감을 유발시킨 인플루엔자 바이러스의 게놈 지도를 거의 완성하였다고 보고하였으며, 이 정보가 생물학무기 개발에 이용될 수 있다는 주의를 촉구하였다.

농산물에 영향을 미치는 생물학무기

생물학무기가 사람에게 많은 피해를 입힌다는 사실은 많이 알려져 있지만 농산물을 파괴하는 능력도 갖고 있다는 사실은 큰 주목을 받지 못하였다. 그러나 농산물에 질병을 일으킴으로써 특정 국가에 엄청난 기근을 발생시킬 수 있다는 점에서 새로운 생물학무기로 주목을 받게 되었다. 농산물에 발생한 질병이 인류에게 큰 재앙으로 다가온 경우로는 1845년 아일랜드에서 감자 역병균이 발생한 일이 있다. 당시 아일랜드에서는 기아로 100만 명이 사망하고, 200만 명이 기근을 피하여 미국과 호주로 이민을 떠났다. 이때 미국으로 이민한 아일랜드인 중에는 미국의 35대 대통령인 케네디의 할아버지가 있었다. 또 1942년 인도의 벵골에서도 쌀에 질병이 발생하여 200만 명 이상이 기아로 숨졌고, 1970년에는 미국 남부에서 잎마름병으로 10억 달러 상당의 곡물이 말라죽었다.

이처럼 농산물에 발생하는 질병의 파괴력이 엄청나기 때문에 강대국에서도 무기로 개발을 진행하였으며 대표적인 예가 녹병균과 흑수병균이다. 녹병균은 식물의 잎이나 줄기에 갈색의 가루를 덩어리로 발생하게 하는 식물 질병으로 제2차세계대전 이후 미국이 소련과의 군비 경쟁에서 녹병균을 소련 우크라이나 곡창지대의 소맥과 중국 평야의 쌀을 공격할 목적으로 개발하였다고 한다. 흑수병균은 벼나 고등식물의 체내에 기생하여 양분을 흡수하는 곰팡이로서 자라면서 검은색의 포자를 형성한다. 걸프전 이후에 이라크에서는 생물학무기로 흑수병균을 개발한 것으로 확인되었는데, 이는 이란의 주요 농산물인 밀을 파괴할 목적이었다고 한다.

생물학무기의 역사

생물학무기의 역사는 2천 년을 훨씬 넘지만 병원균이 질병을 유발한다는 사실을 사람들이 인식하게 된 것은 14세기부터이다. 르네상스 이전의 사람들은 죽은 시체에서 나오는 부패한 악취가 전염병을 일으킨다고 생각하였으며 이런 이유로 시체들을 생물무기로 이용하게 되었다. 또 서양 군인들의 몸과 물건들에 묻어온 천연두균이 신대륙 점령에 가장 큰 역할을 했다는 아이러니한 사실도 있고, 제2차세계대전부터 냉전의 시기까지 한국인 또한 생물무기의 희생자들이었다는 안타까운 사실도 있다.

고대

역사 기록은 아니지만 구약성서 「출애굽기」에서는 하나님이 유대인들의 이집트 탈출을 돕기 위하여 열 가지 재앙을 이집트에 보냈다는 기록이 있다. 이 열 가지의 재앙은 자연현상을 바꾼 것과 이집트를 동물과 곤충들로 뒤덮게 한 것, 전염병이 창궐하게 만든 것, 이집트의 첫 태생(장자)들의 목숨을 앗아가게 한 것이 있다. 자연현상을 바꾼 것으로는 나일 강을 피로 물들게 하고, 우박을 내리게 하고, 해를 가려서 계속 어둠 속에 있게 한 것이 있고, 동물과 곤충을 범람하게 한 것으로는 개구리, 이, 파리, 메뚜기들로 이집트 전역을 뒤덮게 만들었으며, 전염병을 창궐하게 만든 것으로는 가축들에 악성 전염병이 발생하게 만든 것과 사람과 동물들에게 종기를 발생하게 만든 것이 있다. 출애굽기에서 전염병의 창궐을 자세히 살펴보면 하나님이 모세에게 파라오 앞에서 하늘을 향해 가마의 재를 뿌리라고 말씀하셨으며 "모세가 하나님의 말씀대로 그것을 공중에 뿌리니, 그것이 사람과 짐승에게 붙어서 악성 종기를 일으켰다"라고 언급된 것은 현대의 생물학무기 테러를 연상시키고 있다. 또 같은 지역에 거주함에도 불구하고 유대인들에게는 악성 종기가 발생하지 않았다는 사실도 유대인이 백신이나 다른 예방법으로 종기에 대처하지 않았나 하는 생각을 들게 한다. 또 구약성서 「사무엘 전서」에도 유대인의 보물인 성궤[6]를 탈취한 블레셋인들에게 엄청난 전염병이 일어났다고 기록되어 있다. 이 전염병으로 약 5만 명 정도가 죽었다고 기록되어 있으며 후세의 연구가들은 블레셋인을 죽인 전염병에 대하여 천연두, 페스트 등으로 추정하고 있다.

생물학무기에 대한 기록으로 기원전 14세기 이집트와 히타이트[7] 간의 전쟁 중에 천연두 유행에 대한 기록이 있다. 전쟁 당시에 히타이트에 사로잡힌 이집트 죄수들은 천연두에 감염되었으며 히타이트 국민들은 이들로부터 천연두에 감염되게 되었다. 결국 수많은 군인과 시민들이 모두 감염되었고 히타이트 왕과 그의 후계자도 천연두를 피하지 못하였으며, 이후 히타이트 문명은 급격히 쇠퇴하여 멸망하였다.

기원전 701년에 아시리아[8]군은 유대왕국의 중심인 예루살렘을 공격하여 포위하였다. 그러나 성을 공격하던 아시리아군에 정체불명의 전염병이 퍼지게 되었으며 결국 아시리아는 예루살렘 함락을 포기하고 퇴각하게 되었다. 또 기원전 6세기에는 아시리아가 적군의 우물에 호밀 맥각을 넣어 오염시킨 사실도 있다. 이 호밀 맥각은 호밀에 기생하는 곰팡이로서 사람이 먹게 되면 팔다리 끝이 썩게 되고, 임산부들은 유산을 하게 되는 무서운 독성을 갖고 있어서 '신의 불' 또는 '악마의 발톱'이라고 불렸다. 그러나 1925년 스위스의 화학자 로빈은 이 무서운 곰팡이로부터 편두통을 치료하는 약제인 에르고타민을 분리하여 독을 약으로 바꾼 바 있다. 기원전 1세기에 스키타이[9] 궁수들은 화살촉을 퇴비

호밀 맥각.

와 시체의 썩은 물에 적셔서 적을 공격할 때 이용하였다.

　기원전 6세기에 그리스 아테네의 정치가인 솔론은 크리사를 공격할 때에 시의 상수원으로 통하는 물길에 설사를 유발하는 약초인 헬레보루스 뿌리를 사용하였다. 이후 아테네의 문화와 권력이 절정에 달하였던 기원전 430년에 아테네는 스파르타를 주축으로 한 동맹 도시들의 공격을 받게 된다. 당시 아테네에는 20만 명 이상의 시민들이 있는 상황에 전쟁까지 더해져서 도시의 환경이 나빠지게 되었으며 결국 잔혹한 증상과 놀랄 만한 사망률을 보이는 전염병이 창궐하게 되었다. 이 전염병은 페스트로 추정되고 있으며 에티오피아에서 시작되어 이집트를 거쳐서 배를 통하여 아테네로 들어온 것으로 추정되고 있다. 전염병은 전쟁 초기에 창궐하여 2년간 계속되었으며 이후 3년 이상 간헐적으로 나타났다. 많은 군인들이 전염병에 희생되었고, 아테네의 지도자인 페리클레스도 전염병을 이기지 못하였다. 결국 전염병은 아테네 인구의 3분의 1을 희생시켰고 아테네를 스파르타에 굴복하게 만들었다.

　아테네가 전염병으로 스파르타에 굴복하고 35년 후에 로마도 유사한 전염병으로 고통을 겪었다. 이때 카르타고[10]가 로마의 도시인 시라쿠사를 공격하였는데 전투 물자를 수송하던 배를 통하여 로마의 전염병이 카르타고로 전해졌으며 이후 북아프리카로 퍼져나갔다. 1979년에는 새로운 질병이 로마를 습격하였는데, 이는 탄저병이나 다른 감염병과 합병된 급성 말라리아로 추정되고 있다. 이 질병은 아프리카 열대 우림에서 시작되어 나일 강을 거쳐서 지중해의 로마까지 전달되었으며 동쪽으로는 메소포타미아 지역, 북쪽으로는 그리스까지 퍼졌다. 이 질병은 유럽 전역을 장악하기 위하여 정벌에 나선 로마의 군인들을 통하여 유럽 전체로 퍼져나갔으며 유럽의 최북단인 영국과 덴마크까지 도달하였다.

이후 로마는 125년, 165년과 251년에 전염병이 창궐하여 많은 사람들이 희생되었으며, 이들 전염병은 아시아에서 유래하였고 동양과의 문물교류와 훈족[11]의 유럽 침입으로 전파된 것으로 생각되고 있다. 훈족은 1세기 후반부터 중앙아시아에서 서쪽으로 계속 진격해 들어왔으며 진격 중에 마주친 부족들의 대부분을 궤멸시켰다. 이와 같이 기세등등한 훈족을 피하여 게르만족을 포함하여 많은 유럽의 변방 민족들이 로마로 이동하면서 전쟁과 함께 전염병이 전달되게 된 것이다. 그렇지만 계속 서쪽으로 진격해오던 훈족도 452년 로마에 거의 근접하여 더 이상의 공격을 멈추고 퇴각하였다. 이에 대하여 신의 가호나 교황의 설득력에 의한 것이라는 주장도 있지만 훈족에도 전염병이 창궐하였기 때문이라는 주장도 많은 지지를 받고 있다.

4세기 로마는 각각 로마와 콘스탄티노플에 수도를 둔 두 개의 제국으로 분리된다. 서로마는 5세기 말에 먼저 붕괴되고 동로마는 당시 황제인 유스티니아누스가 로마제국 재건을 부르짖으며 영토 확장을 실시하여 북아프리카, 시칠리아, 스페인을 회복하였다. 그러나 이때 페스트가 창궐하여 전 유럽을 휩쓸었다. 페스트는 590년까지 지속되었으며 이후 150년 동안은 국지적으로 발생하였다. 페스트의 유행은 로마를 역사로부터 완전히 사라지게 만들었고, 그 뒤를 그리스어 계통인 비잔틴 제국이 이어가며 중세가 시작되었다.

중세

로마가 멸망한 이후 1000년까지는 특별히 위협적인 전염병이 발병하지 않았다. 이와 같은 상황의 지속에 농업기술의 발전이 더하여 수확량도 늘어났기 때문에 유럽의 인구는 1300년도까지 두 배로 늘어나게 되었다. 결국 10만 명 정도의 인구가 거주하는 성벽으로 둘러싸인 도시가 다시 나타났으며 수공업과 교역과 여행이 부활되었다. 그러나 13세기의 막판부터 유럽에는 홍수와 흉작과 기근이 계속 발생하게 되었다. 이 기근으로 도시의 인구가 10-15%나 줄어들었으며 1333년에는 유럽뿐만 아니라 중앙아시아와 중국에도 가뭄과 기근이 덮쳤다. 특히 1330년대에는 비정상적으로 건조하고 바람이 많이 부는 날씨 때문에 몽고와 투르크의 유목민들이 식량과 물을 찾아서 새 땅으로 이주하였으며, 이때 페스트균을 보유하고 있는 설치류들도 함께 이동하게 되었다.

페스트는 중앙아시아에서 인도, 중동을 거쳐 갔으며 사막을 횡단하는 상인들의 길을 따라서 서쪽으로 전진하였으며, 1346년에 흑해 연안의 항구 도시인 카파까지 도착하였다. 당시 카파는 몽고의 후예인 타타르족에 공격당하고 있었으며, 우연히 이탈리아의 상인들이 머물고 있었다. 그러나 장기간에 걸친 공격에도 불구하고 타타르인들은 카파를 함락시키지는 못하였고 때마침 자신들의 부대에서 페스트가 발병하여 공격을 포기하게 되었다. 타타르족은 철수하기 전에 투석기를 이용하여 페스트로 죽은 동료의 시체를 성벽 안으로 던져 넣었으며, 카파의 거주민들도 시체들을 성벽 너머 바다로 다시 던져 버렸지만 결국 페스트는 시 전체로 퍼지게 되었다. 카파에 있었던 이탈리아 상인들의 일부가 시칠리아로 이주하면서 유럽에 페스트가 퍼지게 되었고 다시 시칠리아 사람들이 배를 타고 다른 지중해의 항구로 옮겨가면서 유럽 전체로 퍼지게 되었다.

1340년에 현재의 북 프랑스의 한 성에서도 투석기를 이용하여 죽은 말과 다른 죽은 동물들의 시체를 성 내부로 던져 넣는 방식으로 공격하였다. 당시 성을 지키던 사람들은 동물 시체들로 인하여 냄새가 나고 환경이 나빠져서 결국 참지 못하고 휴전을 제의한 일이 있다. 또 1422년 보헤미아의 칼스테인 전투에서도 공격자들이 페스트로 죽은 병사들의 시체와 가축의 배설물을 적의 전열에 퍼부었지만 성을 함락시키지 못하고 5개월 만에 철수한 바 있다.

1489년 스페인은 그라나다에서 이슬람 세력과 전쟁을 진행하고 있었다. 스페인은 전력을 강화하기 위하여 이슬람 세력인 투르크인과 전쟁 경험이 있는 지중해 동부의 섬나라인 키프로스의 용병을 고용하게 되었다. 그러나 이들이 도착한 직

후 스페인의 군대들은 앓아누웠고, 아무도 전에 본 적이 없는 병으로 죽기 시작하였는데 후대에 그것이 티푸스라는 사실이 밝혀졌다. 결국 스페인은 2만 명의 군사를 잃게 되는데, 이 중 전투 중에 죽은 숫자는 3,000명이었고, 1만 7,000명이 티푸스로 사망하였다.

신대륙 정벌

콜럼버스가 현재의 쿠바를 중심으로 한 서인도 제도를 탐험한 지 20년이 지난 1519년에 스페인의 코르테스 군대는 현재의 멕시코에 위치한 아즈텍 왕국에 도착하였다. 그런데 당시 아즈텍 왕국과 주변 지역의 전설에서는 자비로운 지혜의 신인 '케찰코아틀'이 무자비한 전쟁의 신인 '멕시틀리'에게 패하여 동쪽으로 망명을 떠났으며 자신의 백성을 구하러 다시 돌아온다고 전해지고 있다. 케찰코아틀은 아즈텍인을 창조하고 농경기술과 쇠를 다루는 방법을 가르쳐 준 신으로 기록되어 있으며, 외모도 몸은 뱀의 형상을 하고 있지만 머리가 노랗고 수염을 기르고 키가 큰 백인의 모습으로 그려지고 있으며, 케찰코아틀은 1519년 해뜨는 동쪽 바다에서 날개를 활짝 편 새를 타고 돌아온다고 전하고 있다. 그 해에 코르테스는 아즈텍에 도착하였으며 아즈텍인들은 돛을 활짝 편 범선을 날개를 활짝 편 새로 오인하였다. 또 코르테스의 외모도 전설 속의 케찰코아틀과 같았기 때문에 아즈텍인들은 코르테스를 다시 돌아온 케찰코아틀로 착각하게 되었다.

그러나 코르테스가 아즈텍에 가지고 온 것은 자유와 평화가 아니라 천연두였다. 코르테스가 처음 아즈텍에 도착하였을 때에는 신대륙의 원주민들은 천연두에 대한 면역을 갖지 못하였지만 이미 유럽에서는 5년에서 15년을 주기로 발생하였기 때문에 코르테스의 군대는 면역을 갖추고 있었다. 이후 2년이 지난 1521년 코르테스가 아즈텍의 수도인 테노치틀란(현 멕시코 시티)을 300명의 부하로 점령하게 되었다. 당시의 테노치틀란의 인구는 30만 명이었지만 천연두로 반 이상인 16만 명이 사망한 상태였기 때문에 가능한 일이었다. 코르테스의 군대가 점령한 아즈텍을 탈출한 주민들은 남쪽의 마야 왕국으로 도망쳤으며 이들을 통하여 마야에도 천연두가 전파되었다. 6년 뒤인 1527년에는 남미 전체 인구의 10분의 1이 줄어들었다. 스페인의 또 다른 정복자인 피사로도 천연두로 무력화된 잉카 제국을 손쉽게 함락하였으며 이어서 남미에는 홍역이 대규모로 유행하였다. 결국 1548년 멕시코의 인구는 3천만에서 3백만으로 줄어들게 되었고 전염병은 열강의 식민지 확장에 큰 공헌을 한 것이다.

유럽은 신대륙에 천연두를 퍼트렸지만, 신대륙은 유럽으로 매독을 퍼트렸다. 콜럼버스 이후 신대륙을 탐사한 유럽인들은 신대륙 원주민 여성들과의 성접촉으로 매독균에 감염되었으며, 이들 유럽인들은 유럽으로 돌아가서 유럽에서의 성접촉을 통하여 매독을 전 유럽으로 퍼트리게 되었다. 1494년 프랑스의 샤를르 8세는 이탈리아를 침공하여 로마를 점령한 이후 나폴리에 군사를 주둔시켰다. 이때 프랑스와 이탈리아 양국의 병사에게서 매독이 계속 발생하였는데, 이 매독에 대하여 프랑스는 '나폴리병'이라고, 이탈리아는 '프랑스병'이라고 부르며 서로가 상대편이 질병의 원인이라고 비난하였다. 그러나 매독의 원인을 제공한 것은 샤를르 8세의 군대에 가담한 스페인 군인들로 그들은 신대륙에서 유럽으로 매독을 가지고 왔다. 당시는 매독이 성 접촉을 통하여 전염된다는 것을 몰랐고, 매독의 증상이 나타나기까지는 오랜 시간이 걸리기 때문에 프랑스 군인이나 여기에 참여한 독일, 폴란드, 스위스의 병사들은 자신들도 모르는 상태에서 매독균을 가지고 고향에 가게 되었다. 결국 매독균은 1495년 독일과 프랑스에서, 1496년 네덜란드와 그리스에서, 1479년 잉글랜드와 스코틀랜드, 1499년 헝가리와 유럽 전역으로 확산되었다.

1616년 이후에는 프랑스와 영국을 떠나서 북미에 정착한 사람들이 늘어났으며, 이들로부터 퍼진 천연두로 인디언들은 희생되었지만 이주한 백인들은 천연두에 걸리지 않았다. 특히, 천연두는 1634년에 뉴잉글랜드에서 크게 발병하였으며, 20~30년 간격으로 재발하여 인디언들을 계속 몰살시켰다. 결국 1645년 휴런족의 절반, 1684년 이로쿼이족의 절반, 1738년 체로키족의 절반, 1837년 만단족의 거의 대부분이 사망하였다. 이주민에 의해 전파된 전염병은 의도되지 않은 경우도 있었지만 일부는 의도적인 것이었다. 처음에는 이주민이나 원주민 모두 전염병에 대한 개념이 없었지만 시간이 경과하면서 이주민들은 원주민이 그들이 유럽에서 겪어온 전염병에 무방비 상태라는 사실을 알게 되었고 일부러 감염된 가족들을 신대륙에 데리고 온 경우도 있다.

17~19세기

1710년 러시아와 스웨덴의 전쟁 중에 러시아 군대는 페스트로 죽은 시체들을 스웨덴의 도시인 레발에 던져 넣어서 스웨덴군에 페스트를 유발했다고 한다. 1767년에 북아메리카를 자신의 영토로 만들기 위한 영국과 프랑스의 식민지 전쟁에서 영국군 총사령관인 제프리 암허스트 장군은 프랑스와 프랑스를 돕는 인디언에 맞서 켈리온 항을 두 번 공격했으나 두 번 모두 큰 손실만 입었다. 휴전을 제의한 암허스트 장군은 인디언들에게 평화의 선물로 모포와 손수건들을 선물하였다. 그러나 이 모포와 손수건은 천연두로 죽은 사람들이 사용한 것이거나 일부러 천연두 환자들의 농이나 수포를 묻힌 것이었다. 결국 많은 인디언들이 천연두로 죽게 되었으며, 이후 암허스트 장군은 켈리온 항을 다시 공격하여 점령하게 되었다. 이 사실은 암허스트 장군이 부하인 헨리 보우켓 장군에게 보낸 편지가 세상에 공개되면서 밝혀졌다.

미국 독립전쟁 당시에도 보스턴에서 미국 독립군에게 포위된 영국군은 포위를 뚫고 빠져 나오기 위하여 천연두를 이용하였다고 한다. 당시에 영국군은 천연두 예방접종을 받은 상태였지만 미국 독립군은 그렇지 않았으며, 천연두의 유행으로 건강한 군인의 수가 반으로 줄어서 영국에게 크게 패하게 되었다. 여기서 교훈을 얻은 미국 독립군 지도자 워싱톤 장군은 독립군 모두에게 새로운 작전을 시작하기 전에 예방접종 실시를 명령하였으며, 결국 독립전쟁을 승리로 이끌게 되었다.

18세기 말에서 19세기 초 프랑스는 나폴레옹이 황제로 집권하여 동쪽으로 프러시아와 오스트리아, 서쪽으로 포르투갈과 스페인, 남쪽으로 이탈리아까지 정복하고 신대륙까지 진출하는 등 전세계에 힘을 과시하고 있었다. 그러나 19세기 초에 신대륙 서인도 제도의 섬나라인 아이티에서 나폴레옹에 대항하는 독립전쟁이 일어났다. 이 전쟁을 진압하기 위하여 프랑스에서는 3만 3,000명의 군대를 파견하였지만, 이 중 90% 이상이 황열병으로 사망하였다. 이 손실로 인하여 나폴레옹은 신대륙에 대한 야심을 버리고 루이지애나를 미국에 팔 수밖에 없었다. 1812년 여름 프랑스의 황제인 나폴레옹은 50만이 넘는 대군을 거느리고 러시아를 정벌하러 나섰다. 당시 동유럽 기후는 덥고 건조하였기 때문에 러시아를 향하고 있던 나폴레옹의 군대는 물을 확보하는 데 어려움이 많았다. 곧 군대는 물이 떨어지게 되었고 겨우 찾아낸 소량의 오염된 물로 식수와 세탁을 해결해야 했다. 군대가 폴란드를 지나갈 때 이질과 티푸스가 발생하였으며 5분의 1이 죽거나 병에 걸려서 임무를 수행할 수 없게 되었다. 부대는 무리를 하면서 계속 러시아로 향하였으며 병사들은 전투가 아닌 질병으로 계속 쓰러지게 되었다. 러시아에 들어섰을 때 나폴레옹의 군대는 13만 명으로 줄어들었으며 보르다노 전투를 거치며 다시 티푸스가 발생하여 고작 9만 명만이 모스크바로 진격하였다. 결국 나폴레옹 군대는 이곳에서 한 달에 걸친 굶주림과 질병으로 무너져 버렸고 독일로 퇴각할 때 나폴레옹 군대의 숫자는 3만 5,000에 불과하였고 나폴레옹은 이후 몰락의 길을 걷게 된다.

제1차세계대전

제1차세계대전이 한창 진행 중이던 1918년 유럽에서는 스페인 독감이라는 무서운 인플루엔자 바이러스가 유행하였다. 전쟁 이후의 보고에 따르면 전사자가 850만 명이었던 것과 비교하여 인플루엔자에 의한 희생자는 2,500만 명으로 추산되고 있다. 또 당시에는 티푸스가 동부 전선에서 창궐하였으며 세르비아의 경우 15만 명의 병사가 티푸스로 희생되었다. 티푸스는 러시아의 사회질서 붕괴와 함께 동부 유럽 전체로 가속화되어 퍼져나갔다. 1917~1921년 티푸스로 러시아인 2,000만 명이 감염되었고 이 중 300만 명이 죽었다. 그렇지만 서부 전선에서는 티푸스는 발생하지 않았고 '참호열'이라 불리는 리케치아 질환이 있었다.

제1차세계대전에는 엄청난 성장을 보인 화학공업의 발달과 함께 수많은 국가에서 화학무기가 개발되어 실전에 이용되었다. 특히 독일의 과학자들과 군인들은 화학무기뿐만 아니라 병원균에 대한 지식을 이용하여 적의 공격력을 약화시키려고 노력하였다. 그 일환으로 연합국 기병을 제압하기 위하여 말, 노새, 소 등의 가축에 독성이 강한 탄저균과 비저균12)을 배양하여 이전에 미국에 잠입한 독일계 미국인인 앤톤 딜거 박사에게 보냈다. 박사는 유럽으로 보내지는 군수품이 모아지는 볼티모어의 부두 노동자들을 미리 회유하여 전쟁터로 보내기 위하여 모아둔 총 3,000마리의 말, 노새, 소 등에 병원균을 주사하게 하였다. 결국 전쟁터에서 말의 전염병이 발생하였으며 사람에게 감염되었다는 주장도 나왔다. 독일이 이탈리아에 콜레라, 러시아에 페스트, 스페인에 독감 바이러스를 퍼트리고 영국에 생물폭탄을 터트렸다는 주장이 있었지만, 전후 연합군의 보고서에는 독일이 화학무기를 사용한 증거는 있지만 생물학무기를 사용한 구체적 증거는 없다고 밝혔다. 결국 제1차세계대전에 이용된 생화학무기들은 전투시 생화학무기의 사용을 금하도록 제네바 의정서를 이끌어냈지만, 의정서에는 이들 무기에 대한 연구와 생산을 금하지는 않고 있다.

제2차세계대전

제2차세계대전 기간 동안 거의 모든 참전국들은 실전에 투입할 수 있는 생물학무기의 개발과 생산을 적극 추진했다. 독일의 유대인 수용소 중 하나인 부헨발트 수용소와 나츠바일러-

슈트루토프 수용소에서는 무장 나치 친위대 위생학연구소의 한 부서인 티푸스 및 바이러스 연구부를 설치하고 유대인 수용자들을 대상으로 바이러스 감염과 백신 효과 및 전염병 감염에 대한 생체실험을 실시하였다. 일본에서도 생물학무기 개발이 활발히 진행되어 1936년 '731부대'라는 암호명 아래 만주 하얼빈 남쪽 40마일 지점에 연구단지를 건설하고 생물학전 프로그램을 시작하였다. 1945년 이 연구단지를 불태워 없애버릴 때까지 일본군은 이시이 장군의 지휘 아래 다양한 인체 실험을 수행하였다. 제2차세계대전 후의 미국의 조사에 의하면 일본군은 중국인, 조선인, 러시아인 등을 잡아다가 통나무라는 뜻의 '마루타'라 부르며 콜레라, 탄저균, 티푸스, 페스트와 같은 여러 병원균 실험을 실시하였으며, 그 사망자 수는 수천 명 이상으로 추정되고 있다. 731부대에서는 에어로졸화시킨 탄저균도 개발하여 약 1,000명의 마루타에게 감염시킨 후 인체해부를 통한

731부대의 세균전 진행 모습.

731부대의 대장인 이시이.

연구를 실시했으며, 페스트균, 매독균 등을 이용한 생체실험도 실시한 것으로 밝혀졌다. 또 탄저균이 들어있는 사탕을 만들어서 중국의 어린이들에게 나누어 주었다고 한다. 1940년부터 1944년까지 일본군 비행기들이 중국과 만주의 여러 도시에 페스트균에 오염된 곡식 또는 벼룩을 종이봉지에 넣어서 공중 살포하거나, 도시의 우물을 페스트로 직접 오염시켰으며, 결국 이들 도시들에서는 페스트가 유행하였다. 1945년까지 일본은 731부대 프로그램을 통해서 개발된 파편 폭탄과 도자기 폭탄으로 살포할 탄저균을 400 kg이나 비축하고 있었다. 1945년 일본에 대한 미국의 원폭으로 일본이 항복하고 제2차세계대전은 끝나게 된다. 이때 731부대의 지휘관인 이시이는 일부의 자료와 연구설비를 불태우고 일본 본토로 퇴각하였으며, 전후 협상에서 미국은 731부대의 생물학 자료를 넘겨받는 것으로 731부대의 전쟁범죄에 대하여 죄를 묻지 않기로 하였다.

한편 연합국인 영국은 1942년 스코틀랜드 연안의 그뤼나드 섬에서 독일군에 대항하기 위하여 탄저균을 생물학무기로 이용하는 시험을 실시하였다. 시험에서는 양 60마리를 나무 울타리에 몰아넣은 상태에서 수십 억 개의 탄저균 포자를 담은 6개의 소형 폭탄을 폭파시키고, 비행기를 이용하여 탄저균 폭탄을 살포하는 실험들이 실시되었다. 폭파 후 3일부터 양들은 죽기 시작하였으며, 이후 그뤼나드 섬은 완전히 불모의 땅으로 변하였다. 이 실험이 실시된 후 섬에 퍼진 탄저균을 완전히 제거하기까지는 무려 46년이나 걸렸다. 그러나 자연적으로 탄저균이 사라진 것이 아니라 섬 토양의 표면을 얇게 깎아서 제거한 후에 소독액으로 많이 이용되는 포르말린의 원료인 포름알데히드 280톤을 바닷물 2,000톤에 희석하여 섬 전체에 살포한 결과라고 한다. 영국 정부는 탄저균이 완전히 제거되었음을 입증하기 위하여 다시 양을 방목하고, 국방부 차관이 직접 그뤼나드 섬을 방문하는 등의 활동을 보여 주었지만 일부 학자들은 탄저균이 여전히 남아 있을 것으로 예상하고 있다.

1942년 스탈린그라드에서 독일과 소련의 전투가 있기 얼마 전에 야토병이 대규모로 발생하였다. 수천 명의 독일군과 소련군이 병으로 고생하였으며, 이 중 70% 이상이 폐에 야토병균이 감염되었다. 소련은 스탈린그라드 전투 1년 전부터 야토병균을 개발하였다는 사실이 제2차세계대전이 끝난 후에 밝혀졌으며, 이때 야토병균을 생물학무기로 이용했던 것으로 추정되고 있다. 미국도 동맹국의 생물학 무기 위협에 대항하기 위하여 1941년부터 메릴랜드 주의 군사기지인 캠프 디트릭에 생물학무기로 이용할 병원균과 이들에 대한 방어방법에 대한 연구를 실시하였다. 그 결과 1943년에는 미시시피에서, 1944년에는 유타주의 덕웨이에서 생물학무기를 이용한 야전 실험이 실시되었다.

냉전 기간

제2차세계대전이 끝나고 미국과 소련의 냉전시대로 들어서면서 미국과 소련은 생물학무기개발 경쟁 체제로 들어섰다. 양국은 수많은 병원성 세균, 바이러스 및 독소에 대한 연구를 지속했으며 여기서 보다 발전된 형태인 미세 에어로졸화, 폭탄 속 장착법, 미사일로 발사하는 방법 등에 대한 연구들이 실시되었다.

한국전쟁중이던 1951년 북한의 외무장관이었던 박헌영은 미국이 평양에 천연두를 퍼트렸다고 UN에 항의하였지만 UN을 이를 부인하였다. 다음 해 2월에 북한에서는 미국이 북한군 주둔지에 비행기로 세균을 지닌 곤충을 살포하였다고 주장하였으며, 중국도 휴전이 이루어 질 때까지 미국이 화학무기와 생물학무기를 사용하였다고 비난하였다. 이와 같은 상황으로 인하여 1952년에 영국의 대표적인 화학자인 죠셉 니덤과 원자폭탄 개발의 중추 역할을 담당한 로버트 오펜하이머 등의 유명 과학자들로 구성된 국제 과학위원회는 중국과 북한에 생물무기 조사단을 파견하였다. 이들 조사단은 스웨덴, 프랑스, 이탈리아, 영국, 브라질의 과학자들로 구성되었으며 콜레라에 감염된 조개류, 탄저균에 감염된 조류, 페스트와 황열균에 감염된 이, 벼룩, 모기, 설치류, 토끼와 같은 생물학무기들이 북한과 중국에 사용되었다고 결론을 지었다. 그렇지만 이 조사결과에 따르면 731부대의 실험결과를 실전에 응용하였다는 의혹도 있었지만 미국은 생물학무기 이용 자체를 부인하고 있으며, 북한과 중국도 추가 조사를 거부하여 더 이상의 진실은 밝혀지지 않았다.

1951년에 미국 아칸소 주의 파인버프 군수공장에는 생물학무기 생산공장이 설치되었다. 1954년에는 병사들의 전투 능력을 상실시키기 위한 브루셀라균[13]을 담은 파편 폭탄을 생산하고 1955년에는 야토병균을 대규모로 생산하였다. 이후 1964년 파인버프 군수공장은 바이러스와 리케치아 생산설비를 건설하였다. 미국은 1969년 태평양에서 대규모의 모의전쟁 실험을 실시하였으며, 이때 우리에 가둔 실험동물들을 대상으로 생물학무기 실험도 실시하였다. 한편 당시의 소련 스파이들은 실험이 실시된 지역에 잠입하여 여러 시료(試料)들을 채취한 후 생물학무기 연구에 이용하였다고 한다.

그러나 1969년 말 베트남전에 대한 반전운동이 거세지자 미국의 닉슨 대통령은 연구적 목적을 제외한 생물학 및 독소무기에 관한 연구와 생산을 중단하도록 한 대통령령을 선포하였다. 1971년 5월부터 1972년 5월 사이에 미국은 생물학전 계획에 따라 생산했던 모든 생물학무기를 파기하였으며, 이는 미연방 농무성, 보건성, 교육성, 복지성 그리고 아칸소 주, 콜로라도 주, 메릴랜드 주의 대표자들의 감시 하에 이루어졌다. 이때 파괴된 생물학무기는 탄저균, 보툴리눔 독소, 야토병균, Q열 병원균, 베네주엘라 마뇌염 바이러스, 브루셀라균, 포도상구균 장내독소 B 등이었다. 1972년 미국과 영국, 소련연방은 '생물학무기 협약'이라고 불리는 '세균 및 독소 무기의 개발생산비축 금지 및 그 파괴에 관한 협약'에 서명하였고 그후 140개국이 넘는 국가가 이 협약에 서명하였다. 이 협약은 공격적 목적의 군사용 생물학무기의 비축을 금지하고 있으며, 아울러 이들의 공격적 이용을 위한 연구도 금지하고 있다.

1974년 8월 닉슨 대통령이 '워터게이트 사건'으로 대통령직에서 물러서자 미국 상원을 휘어잡고 있던 민주당은 그간에 행해졌던 미국에서의 생물학무기에 대한 조사를 실시하였다. 1975년 가을에 생물학무기에 대한 청문회를 실시하였으며 이 청문회의 조사결과에 따르면 닉슨의 금지령 이후에도 CIA가 수백만 명을 병들게 하거나 죽일 수 있는 강력한 병원균과 독소 등을 보유하고 있었으며 포트 디트릭과 CIA가 공모하여 외국의 지도자를 암살하거나 불구로 만들기 위한 계획들이 있었다고 한다. 1952년부터 1970년까지 외국의 지도자를 제거하기 위한 많은 계획이 세워졌지만 치밀하지 못한 계획과 실제 작전에서의 실수로 한 건도 성공하지 못한 것으로 나타났다. 그 예 중 하나로서 아이젠하워 대통령 시절에 아프리카에서 독립한 콩고가 친소 성향을 나타냈기 때문에 콩고의 수상을 보툴리눔 독소로 암살하려는 계획을 세웠다. 그러나 CIA 요원이 삼엄한 보안을 뚫지 못하여 실패하였고, 얼마 지나지 않아서 콩고의 수상이 암살되고 반대파가 집권하자 계획이 중단되었다. 또 다른 사례로 제1차세계대전 당시에 포도상구균에서 추출한 독소를 음식에 투여하여 히틀러의 재정 브레인인 할마르 샤츠트를 암살하려고 시도하였다. 그는 몸에 이상이 발생하였지만 사망하지는 않았기 때문에 기술적으로는 성공하였지만 작전 자체는 실패한 것으로 기록되었다.

또 다른 대표적인 예로서 케네디 대통령 시절 미국 국방부는 쿠바에 생물학무기를 이용하려는 계획을 세웠다. 당시 쿠바에는 소련의 미사일 기지가 건설되어서 미국과 긴장 관계가 조성되고 있었으며 미국 국방부는 쿠바에 보툴리눔 독소를 투여하는 방법과 포도상구균 장독소 B, 베네수엘라 뇌염 바이러스, Q열균의 혼합물을 이용하는 방법이 검토되어 대량생산 단계까지 들어갔지만 전쟁이 일어나지 않아서 실전에 이용되지 못했다. 쿠바 미사일 문제가 해결된 후에 CIA는 쿠바의 지도자인 카스트로를 제거하기 위하여 생물학무기를 이용하는 계획을 세웠다. 다이빙광이었던 카스트로에게 유독한 곰팡이가 뿌려진 스쿠버 다이빙복과 기침과 폐에 출혈을 일으키는 결핵균이 가미된 호흡기구를 제공한다는 계획이었지만 이 계획도 결국 실패하였다.

1970~1980년대

생물학무기 협약에도 불구하고 많은 나라들이 생물학무기 연구를 지속해 왔으며, 실제로 생물학무기의 사용이 의심되거나 사용된 적도 여러 차례 있었다. 1970년대 말 라오스와 캄보디아의 여러 지역에서 비행기와 헬리콥터에 의해 살포된 여러 색깔의 에어로졸 형태의 비구름의 공격을 받았다는 증언들이 있다. 이 비구름에 노출된 후 사람들과 동물들이 몸의 균형감각을 잃고 아프기 시작했으며, 노출된 사람과 동물들 중 일부는 사망하였다. 이들 비구름 중 일부는 여러 종류의 곰팡이들이 생산하는 독소인 트리코테신 독소로 구성되어 있으며 당시 미국의 레이건 행정부는 소련이 생물학무기를 이용한 것이라고 주장하였다. 그러나 이 비구름들은 벌 떼들이 만들어낸 배설물에 불과했다고 주장하는 사람들도 있다. 이와 같은 공격들을 하나로 묶어 '황우'라는 이름이 붙여졌으며, 이 구름이 실제로 생물학무기였는가에 대해서는 지금까지도 많은 논란이 계속되고 있다.

1978년 영국 런던에서는 불가리아 망명객인 게오르규 마코프가 버스를 기다리던 중에 우산으로 위장된 기구에서 발사된 작은 탄알을 다리의 피하조직에 맞은 사건이 발생하였다. 그는 며칠 후 죽었고, 부검 결과 리신이 잔류하고 있는 작은 탄알이 발견되었다. 리신은 피마자 콩 식물의 씨앗에서 발생하는 물질로 잘 알려진 독소이다. 그 후 밝혀진 일이지만, 이 암살은 불가리아의 공산당 정부에 의해 자행된 범죄이고, 소련이 암살에 필요한 기술을 불가리아에 제공했던 것으로 확인되었다.

소련은 생물학무기 협약에 서명하였지만 1973년에는 스테프노고르스크라와 벡토르를 포함하여 여러 도시에 생물학무기 개발을 위한 설비를 건설하기 시작하였다. 이후 1980년대 말이 되어서는 100여 개의 시설에 3천 명 이상의 인원이 투입되고 연간 예산도 10억 달러 수준이었다고 한다. 이 소련의 생물학무기 프로그램에서도 미국의 뉴욕, 워싱턴, LA, 시카고, 시애틀과 같은 주요 도시들을 표적으로 한 대륙간탄도미사일과 폭격기에 이용할 생물학무기를 비축하였다고 한다. 한편 1979년 4월 말, 소련의 스베르들로프스크에서 사람들이 의문의 질병으로 사망하는 사건이 발생하였다. 당시 이 지역에는 생물학무기 시설인 제19군 기지가 있었으며, 군 기지로부터 바람이 부는 방향 쪽에 살던 주민들이 고열과 호흡장애를 일으키며 70여 명의 사망자가 발생하여 탄저균 에어로졸이 누출된 사고로 추정되었다. 그러나 소련의 보건 당국은 사망자들이 오염된 육류를 먹었기 때문에 사망하였다고 발표했고, 이러한 급작스런 많은 죽음들의 진짜 원인에 대한 논쟁은 수년 동안 언론을 통하여 들끓게 되었다. 결국 합동 조사팀이 결성되어 이 지역을 조사하였으며 이들이 결과를 보고한 「사이언스」의 논문에서는 아주 소량인 수mg~1g 정도의 탄저균 에어로졸이 누출되어서 발생하였다고 밝혔다. 이후 러시아의 보리스 옐친 대통령은 스베르들로프스크 사건이 탄저균의 포자 에어로졸이 유출되었던 대규모 사고였다고 공식적으로 인정하였다.

1984년 미국 서북부 오리건 주 달라스 시에서 집단 식중독이 발생하는 사건이 있었다. 조사 초기에는 위생관리 문제로 인하여 발생한 단순 전염병으로 생각하였지만 1년이 지난 후 오쇼 라즈니시를 추종하는 한 신흥종교집단이 식중독을 일으키는 살모넬라균(*Salmonella typhimurium*)을 인근 지역의 식당에 살포해 발생한 것으로 밝혀졌다. 이 집단은 테러에 이용할 생물학무기를 연구하기 위하여 장티푸스균, 야토병균, 이질균과 같은 많은 병원균을 입수하였으며, 국가기관 수준의 뛰어난 과학 장비를 보유하지 않고도 많은 연구를 진행한 것으로 조사에서 확인되었다. 또 1986년 프랑스 파리에서 공산계 테러 집단인 적군파가 테러에 이용할 목적으로 보툴리눔 독소를 배양하였다.

걸프전 이후

1991년 8월, 걸프전 결과로 이라크의 생물학전 능력에 대한 유엔의 첫 사찰이 이루어졌으며, 유엔 특별조사위원회에 따르면 이라크가 탄저균, 보툴리눔 독소 등을 생물학무기로 이용하기 위한 연구를 수행해 왔으며, 보툴리눔 독소 13,600L, 탄저균 8,350L를 생산한 것으로 확인되었다. 1995년에는 이라크의 공격용 생물무기개발 프로그램에 대한 추가적인 정보가 유엔 조사단에 의해 밝혀졌으며, 이라크는 탄저균, 보툴리눔 독소, 클로스트리디움균[14), 아플라톡신[15), 밀흑수병균과 리신에 대한 연구개발을 수행하였고, 보툴리눔 독소와 아플라톡신에 대한 실전 훈련을 실시하였다고 보고하였다. 더하여 이라크는 생물학무기를 실전에 적용하기 위하여 개량된 스커드 미사일, 항공 폭탄, 분사 탱크, 살포용 헬리콥터 등 다양한 공격수단에 대한 실험을 실시하였으며, 보다 효과적인 방법을 모색하다 군수품을 수송하는 낙하산으로 보툴리눔 독소와 탄저균을 채운 폭탄을 낙하시키는 방법도 고안하였다고 한다.

1991년 미국의 우익 반정부 단체가 연방정부 요인을 대상으로 리신 테러를 계획하였다가 미수에 그쳤다. 또 1992년에는 극단적인 환경보호운동을 추진하던 대학생들이 미국 시카고 주변 지역에 장티푸스, 디프테리아, 이질, 수막염균을 포함한 미생물 병원체들을 공기를 통하여 살포하고 상수원도 오염시키려는 계획을 세웠으나 실패하였다. 1995년에 일본의 사이비 종교단체인 오움진리교 신자들이 도쿄의 지하철역에 살상용 사린 가스를 뿌려 12명이 사망하고, 5천여 명이 부상했다. 살포된 사린 가스의 독성이 비교적 약하고 살포방법이 치밀하지 못해 당초 예상보다 사상자는 적었다. 그러나 이들에 대한 조사 결과 이들이 10억 달러 상당의 전쟁자금을 확보하고, 대량살인까지 용인하는 종말론적인 신학이론으로 무장한 종교집단이라는 사실을 알게 되었다. 오움진리교에 속하는 과학자들은 몇 차례에 걸쳐 보툴리눔 독소, Q열, 탄저균 등 생물학무기에 대한 연구를 하였다는 증거가 수년에 걸쳐서 속속들이 드러났다. 결국 불발에 그치고 말았지만 오움진리교는 1990년부터 1995년까지 일본에서 수십 차례의 생물 테러를 꾀하였다고 한다.

9.11 테러

2001년 9월 11일, 미국에서 동시 다발적인 테러가 발생하였다. 테러의 표적이 된 것은 번영의 상징이며, 각각 미국의 정치와 경제의 중추인 워싱턴 D.C.와 뉴욕이었다. 워싱턴 D.C.에서는 미국 국방의 요지인 국방성이, 뉴욕에서는 세계 경제를 좌지우지하는 금융관계 기업들이 많이 입주한 세계무역센터에 비행기로 공격을 당하였다. 이 동시 다발적인 테러로부터 1개월 후인 10월 초 플로리다 주에 있는 아메리카 미디어 신문사에 근무하는 63세의 사진사가 탄저균에 감염되어 3일 만에 죽은 것으로 확인되었다. 탄저균은 주로 양이나 소 등의 가축들에서 발생하는 질환이었기 때문에 플로리다 주 보건당국은 의혹을 갖고 신문사 빌딩에 출입하는 사람들을 조사한 결과 73세 남성의 코 안에서도 탄저균이 검출되었다. 탄저균이 인간의 코에 감염되는 경우는 거의 없고, 토양 중에 존재하는 탄저균이 도시의 빌딩 실내에서 발견된 예도 없기 때문에 미국 FBI는 탄저균을 이용한 생물 테러로 의심하여 감염에 대한 조사를 실시하였고, 그로부터 1달 전에 9.11 테러가 있었기 때문에 오사마 빈 라덴이 이끄는 테러 집단의 소행으로 추측하였다. 플로리다의 탄저균 감염 환자가 사망하고 1주일 만에 뉴욕에서 NBC TV에 근무하는 여성이 탄저균에 감염된 것으로 확인되었다. 또 3일 후에는 ABC TV 직원의 7개월 된 아들이, 5일 후에는 CBS TV의 여직원이 감염되는 등 미국의 3대 네트워크에서 탄저균의 피해가 확인되었다. 게다가 이들 방송국의 뉴스 캐스터의 보조역할을 하는 직원 중에도 감염자가 확인되었다. 이 외에도 뉴욕 포스트와 민주당 상원의원이

자 원내총무인 다슐 위원에게도 탄저균이 든 우편물이 배달된 것으로 확인되었고, 우편물을 취급하는 우체국 직원 2명이 폐탄저병으로 사망하게 되었다. 탄저균의 피해가 최초로 보고된 날로부터 1달간 총 17명이 감염되고 4명이 사망한 것으로 확인되었다. 그 외에 37명의 코 등에서 탄저균이 검출되어 보균자로 판명되었으며, 보균자 중 연방의회 관계자는 28명이나 되었다.

이후, FBI는 탄저균이 든 우편물 3통을 공개하였는데, 이들 우편물에는 몇 가지 공통점이 있었다. 우선, 우편물의 소인이 9.11 테러가 발생한 날과 같이 9월 11일로 되어 있었고, 소인도 뉴저지 주 소인이었다. 더하여 봉투 안에는 '미국에 죽음을, 이스라엘에 죽음을, 알라의 신은 위대하다'라는 메시지가 남겨져 있어서 오사마 빈 라덴에 대한 의심이 더욱 가중되었다. 탄저균 우편물 때문에 뉴욕에서는 방독 마스크와 탄저균에 대한 항생제인 '시프로'가 불티나게 판매되었고, 상수원에 병원균이나 독을 투입하는 것을 막기 위하여 저수지나 호수에서는 낚시, 보트놀이가 금지되었다. FBI는 탄저균 테러를 자행한 범인을 잡기 위하여 대규모 수사를 실시하였으며, 그 결과 42만 건의 정보를 입수하고, 2,000명 이상에 대한 정보를 청취하였지만 범인을 파악하는 데 실패하고 미해결 사건으로 남게 되었다.

미국 9.11 테러 이후에 케냐와 아르헨티나에서도 탄저균 감염이 확인되었다고 한다. 또 탄저균 테러가 발생한 지 1개월 후인 11월 2일에 아프카니스탄의 인접국인 파키스탄에도 탄저균 우편물이 발견되었다. 더하여 같은 날 파키스탄과 오랜 기간 적대 관계에 있던 인도에서도 탄저균 우편물이 배달되었다. 유럽에서도 리투아니아의 미국대사관에, 독일 동부의 튜링겐 주의 직업안정소에도 탄저균 우편물이 배달되는 등 탄저균 테러는 세계 각지로 확산되었다.

생물학무기의 연구

생물학무기의 쉬운 제조

생물학무기는 재래식 화학무기와 달리 제조비용이 적게 들기 때문에 제약산업 또는 맥주 제조공장과 같은 시설에서도 은밀하게 대량생산이 가능하다. 1톤의 핵폭탄을 생산하는 데 대략 100만 달러 정도의 비용이 소요되는 반면 생물무기는 1만 달러 이하로도 생산이 가능하기 때문에 '빈자의 원자폭탄'으로 불리고 있지만 위력은 같은 무게의 핵무기와 비교하면 420배에 달한다. 또 공기나 물 등을 통하여 살포가 가능하며, 살포로부터 인명 손상까지 시간적으로 차이가 있기 때문에 공격을 인식하기가 어려워 초기에 적극적인 대처가 힘들다. 더하여 극미량으로도 인명에 대한 치사량에 도달하고, 한번 오염되면 미생물의 특징인 자체 번식을 통하여 기하급수적으로 확산되는 파괴력을 갖고 있다. 생물학무기가 재래식 화학무기와 구분되는 또 다른 특징은 문화, 기간시설의 파괴 없이 오직 사람만을 공격하고, 공격이 시작된 장소를 역으로 추적할 수 없기 때문에 누구의 소행인지를 알아내기 어려우며 생물학무기로 발생한 전염병이 자연발생적인지 인위적인지도 구별하기가 어렵다는 사실이다. 더하여 유전공학을 이용하여 새로운 변이종을 만들어 낸다면 이 변이종을 치료하는 약도 없는 위급한 상황에 처하게 된다.

생물학무기를 테러에 이용한다는 위협만으로도 목표가 되는 집단에 대중적 불안과 공황상태 및 모방범죄를 유도하며 결국 사회적 대혼란까지 이끌어 갈 수 있다. 미국의 탄저균 편지 사건 이후 세계 각지로 백색 분말이 든 편지가 배달되어, 각국의 생화학 처리반이 출동하는 소동이 발생한 것은 그 대표적인 예이다. 국내에서도 236건이 신고되었지만 모두 밀가루나 커피 프림, 분유가루 등의 오인 및 허위 신고였다. 또 1978년 영국의 버밍엄에서는 버밍엄 대학의 의학부에 근무하는 자넷 파커라는 여성에게 천연두가 발생한 일이 있었다. 처음에 환자나 진료한 의사 모두 독감이나 식중독 정도로 생각을 하였고, 영국에서 1973년에 마지막으로, 전세계적으로도 소말리아에서 1977년을 마지막으로 천연두 발병의 보고가 없었기 때문에 천연두가 원인이라고는 꿈에도 생각을 하지 못하였다. 그러나 증상이 천연두와 유사한 것을 확인한 의료진은 환자가 의학부에서 실험을 하는 사람이라는 것을 알고 천연두의 가능성이 있다고 판단하여 병원 전체 의료진에게 천연두 백신 접종을 실시하였다. 이후 버밍엄시 보건당국 관계자들은 환자가 있던 시기에 병원을 찾은 환자와 접촉했던 사람들에게 모두 백신을 접종시키고, 외출을 금지시켰다. 환자가 근무하던 연구실을 보건당국 관계자가 찾아서 조사한 결과 위층에 있는 연구실에서 실수를 하여 천연두 바이러스가 누출된 사실을 확인하였다. 해당 연구실의 연구원들은 백신을 접종받고 실험을 해서 큰 이상이 없었지만 아래층에 있던 환자는 백신 접종을 받지 않아서 천연두에 걸리게 된 것이다. 그러나 이 사건으로 천연두 환자가 발생한 버밍엄뿐만 아니라 영국 전체가 큰 혼돈으로 빠져들었다.

생물학무기는 대부분이 국가적인 차원에서 연구개발이 진행되었지만 기존의 무기들이나 핵무기와 비교한다면 쉽게 제조가능하다는 장점이 있다. 라즈니시교의 사례를 보더라도 의료기구와 과학기구를 공급하는 회사인 VWR사이언티픽에서 실험기구를 구입하고, 연구용 미생물을 제공하는 공공기관인 ATCC(American Type Culture Collection)에서 식중독을 일으키는 살모넬라균·장티푸스균·야토병균을·장염을 유발하는 적리균·수막염균을 구입하여 연구를 진행하였고, 이 중 살모넬라를 대량 배양하여 주변 지역의 일반인들을 대상으로 한 테러에 이용하였다. 또 적군파나 오움진리교를 포함하여 여러 테러 집단에서도 테러에 이용할 목적으로 간단한 실험실이나 농장, 심지어는 가정에서조차 만들어 낸 예도 있다. 더하여 1999년 미국방어위협감소국(DTRA)에서 실시한 수개월에 걸친 모의실험에서도 유럽의 회사에서 구입한 50L의 발효조와 주변의 철물점에서 구입한 파이프와 필터 등을 이용하여 탄저균의 모조품을 900g이나 생산하는데 성공하여 생물학무기의 생산이 쉽다는 것을 입증하였다.

생물학무기의 어려운 살포

생물학무기는 이처럼 많은 장점을 가지고 제조가 비교적 쉽지만 실제 폭탄을 이용하여 퍼뜨리려고 하면 폭발로 인한 폭풍과 열로 병원균이 파괴되기 때문에 살아남은 숫자는 1-2% 정도라고 한다. 이처럼 효과적으로 퍼뜨리는데 부족함이 있기 때문에 많은 보완 연구가 진행되었다. 일본의 731부대도 이런 문제를 해결하기 위하여 페스트균이 담긴 봉지를 공중 살포한 예도 있고, 미국 본토에 탄저균을 퍼트리기 위한 예비 실험으로 수십 개의 기구에 폭탄을 담아서 미국으로 띄워 보냈다. 또 폭발 즉시 공중에서 살포되어 열에 약한 미생물의 약점을 막는 파편 폭탄과 도자기 폭탄 등에 대한 연구를 진행하였다.

1950년대 초에 미국의 세균무기 프로그램은 탄저균 포자를 몇 시간 동안 공기중을 떠다니는 미세한 입자로 만드는 에어로졸화 방법[16]을 확립하였다. 이어서 731부대의 파편 폭탄보다 개량된 파편 폭탄과 생물학무기 전용의 탄두를 장착하는 미사일을 6종이나 고안하였으며, 소형 폭탄의 경우 열을 식히기 위하여 냉각용 프레온 가스를 채웠다고 한다. 한편 소련은 플라스틱 탄알을 폭탄에 채워서 병원균에 미치는 압력을 감소시키는 방법을 고안하였다고 한다. 미국이 유타 지역의 사막과 태평양 등지에서 생물학무기 전용 미사일 실험을 실시한 결과 공중에서 방출된 병원균들이 10만㎡ 이상 확산되는 것을 확인하였다. 이후 Q열 병원균을 확산시키는 분무기 개발에 성공하였고, 비행기에서 연속적으로 살포할 수 있는 살포기도 개발하여 제트기를 이용한 살포 실험을 하여 80㎞의 범위에 세균이 확산되는 것을 확인하였다.

1950년대 후반부터 세균은 생물학무기 개발에서 항생제의 개발로 인하여 그 이용에 한계를 나타내게 되었다. 그러나 바이러스는 세균에 비하여 덜 복잡하고 역사적으로도 천연두, 유행성 독감, 에볼라와 같이 치명적인 효과를 내는 경우가 많았으며, 특히 세균들에 효과가 있는 항생제에도 잘 견디기 때문에 생물학무기개발 프로그램은 바이러스 쪽으로 관심을 돌리게 되었다. 바이러스에 대한 유일한 대비책으로는 백신이 있지만 백신은 바이러스의 감염 이전에 미리 접종이 되어야 하기 때문에 생물학무기 공격에 대한 사전 인식 없이 예방한다는 것은 거의 불가능한 상황이다.

미국 생물학무기 프로그램은 미생물을 배양하여 독소를 정제하고 농축하는 방법도 확립하였다. 생물학무기의 생산에 있어서 세균들은 대용량의 발효조에서 배양하여 획득하였다. 그러나 바이러스는 이와 달리 수십 개의 계란에 일일이 바이러스를 주사기로 접종하고 계란을 적당한 조건에서 보관하여 바이러스를 배양한 후에 이 바이러스가 번식한 계란 내용물을 주사기로 다른 계란에 다시 접종하여 배양하는 방법으로 바이러스의 양을 지속적으로 늘려갔다. 또 배양된 세균과 바이러스를 장기간 효과적으로 보관하기 위하여 동결건조법도 도입하였다.

그러나 이와 같은 생물학무기의 개발과정중에 많은 사람들이 희생되었다. 제트기 분사 실험시 조종을 한 파일럿 중 한 명과 실험 지역 외곽에 장애물을 설치하던 병사들이 생물학무기 때문에 발생한 병에 걸렸고, 계란에 바이러스를 접종하는 사람들 중에서도 15명이나 바이러스에 감염되었다. 1968년 폐렴이나 장티푸스와 유사한 증세를 보이는 앵무병균을 담아놓은 유리병이 깨진 일이 있었다. 당시 부근에 있던 연구원들은 기침과 함께 고열, 폐렴을 일으켜서 병원으로 이송되었다. 소련에서도 스베르들로프스크의 생물학무기 시설에서 탄저균 에어로졸이 누출되어 인근 지역주민들에게 큰 피해를 주었다.

유전공학으로 새로운 시대를 맞은 생물학무기

왓슨과 크릭의 DNA 구조 발견 이후, 생물학무기 연구에는 1985년을 기점으로 유전공학이라는 새로운 방법이 도입되었다. 이전까지 세계의 생물학무기 연구자들은 공통적으로 기존에 알려진 병원균과 독소를 이용하는 방법에 대해서만 연구해왔지만 유전공학의 발전으로 DNA 재조합 기술을 사용하여 병원성이 증가하거나 독성이 커진 생물학무기를 대량 생산할 수 있게 되었다. 그러나 다른 한편으로 이미 알고 있는 병원균과 독소를 유전자 조작으로 불활성화시켜서 효과적인 백신을 개발하는 데도 이용할 수 있고, 역시 유전자 조작으로 세포로 하여금 특정 생물학무기에 대한 항체를 생산할 수 있게 되었다.

1950년대 미국 생물학무기 프로그램은 특정 인종만을 공격하는 인종무기라 불리는 생물학무기에 대한 연구를 실시하였으며, 그 결과 흑인들에게 독성이 더 강한 곰팡이를 찾을 수 있었다. 이후 1998년 11월 15일자 영국의 「선데이 타임스」는 이스라엘이 유대인은 공격하지 않으면서 아랍인들만 공격하는 인종 특이성을 갖는 생물학무기를 개발한다고 밝혔다. 이 연구를 위하여 이스라엘은 아랍인들의 유전자들을 분리해서 실험을 진행하였지만 유대인과 아랍인은 모두 그 기원이 셈족에 속하여 유전학적으로 가까웠기 때문에 연구가 난관에 봉착했다고 한다. 더하여 이런 인종 선별적 생물학무기의 실현 가능성에 대한 반론도 있다. 그 핵심 주장은 유전학적 차이가 다른 민족들 사이보다는 동일한 민족 내에서 더 크다는 것이다. 또 최근에는 인종과 국가를 초월한 결혼으로 유전자의 혼입이 많이 발생하였기 때문에 그 효용성에 대해서도 의문을 제기하고 있다. 인종 선별적인 생물학무기는 러시아와 남아프리카 공화국에서도 개발되었다는 주장이 있다.

1985년 미국의 대표적인 미생물학자인 스탠포드 대학의 교수인 스탠리 팔코프를 포함하여 몇몇의 저명한 과학자들은 미국 국방부의 지원을 받아서 생물학무기를 연구하였다. 이들 과학자들은 사람의 장 속에서 공생하는 대장균에 전염병을 일으키는 유전자를 옮겨서 인간을 공격하는 세균으로 만들어 냈다. 이 위험한 유전자는 14세기 유럽을 강타한 페스트균보다는 독성은 약하지만 같은 계열의 균에서 옮긴 것이며, 이후 군에 소속된 미생물학자들은 같은 방법으로 무해한 세균들을 위험한 세균으로 만드는 방법을 계속 만들어 필요한 수준의 병원성을 갖게 되었다고 한다. 또 1995년 영국의 윈체스터에서 실시된 과학학회에서도 러시아의 과학자들은 탄저균과 근연관계에 있지만 인간에 대한 독성은 현저히 낮은 바실러스 시리우스(*Bacillus cereus*)의 유전자를 탄저균에 도입하여 기존의 탄저 백신이 효과를 보이지 못하는 변종 탄저균을 제작했다고 발표하였다.

　　2001년 호주의 연구팀은 피임 백신을 개발하기 위하여 생쥐의 발진 바이러스에 인터루킨-4[17)를 대량 생산하는 유전자를 삽입했다. 연구원들은 유전자의 삽입으로 항체가 자극을 받게 되어 생쥐 암컷들의 난자를 파괴하여 불임이 유발될 것으로 생각하였으며 이 기술을 이용하여 유해한 동물들의 번식을 막으려는 계획을 세웠다. 그러나 이 바이러스는 연구진의 예상과는 달리 바이러스 감염에 대항하는 세포 내 면역기구를 맹렬히 공격하여 9일 만에 실험동물 모두를 죽게 하였다. 더욱 놀라운 사실은 이 바이러스는 백신에 대하여 놀라울 정도로 저항력이 커져서 백신을 접종한 생쥐의 절반이 죽게 되었다. 이 발진 바이러스는 천연두 비이러스와 근연 관계로서 인간에게 영향을 끼치지는 않지만 인간의 천연두 바이러스에 같은 방식의 시도를 한다면 보다 가공할 파괴력을 갖는 생물학무기가 탄생될 수 있을 것이다.

최근 전세계가 중증 급성 호흡기 증후군(Severe Acute Respiratory Syndrome ; SARS)이라 불리는 폐렴과 유사한 증상의 호흡기 전염병의 공포에 휩싸였다. 이 SARS는 2002년 11월, 중국 광저우에서 시작하여 홍콩, 싱가포르, 베트남, 캐나다, 유럽 등의 전세계로 확산되었고 5월달까지 725명 이상이 죽고 8,200명 이상이 감염되었다. 원인 병원체는 코로나 바이러스[18]로 추정되고 있다. 코로나 바이러스는 3군 13종이 보고되었으며 동물에 주로 감염되고 병원성이 높지 않아서 사람에게 감염되어도 감기나 설사 정도의 가벼운 질환을 야기하는 바이러스로 알려져 있다. 그러나 SARS를 일으키는 코로나 바이러스는 기존의 코로나 바이러스에서 돌연변이가 발생한 변종으로 추정되며 사람에 대한 병원성이 높은 것으로 확인되었다. 네덜란드의 유트레비트 대학의 피터 로티어 박사는 쥐에 감염되는 코로나 바이러스를 유전공학을 이용하여 고양이에 감염시킨 경우가 있다. 바로 이런 점이 SARS와 같은 돌연변이의 발생을 설명해 주고 있으며, 또 다른 한편으로 유전공학을 이용하여 동물 전염병을 사람에 대한 전염병으로 바꾸어 생물학무기에 악용될 또 다른 가능성을 제시하고 있다.

2002년에는 휴먼 게놈 프로젝트가 완성되어 인간의 유전체 정보를 알 수 있게 되었으며, 같은 실험방법을 통하여 병원균들의 유전체를 파악하여 병원균에 대하여 효과적인 치료제를 개발하는 데 이용될 것으로 기대되고 있다. 이런 일련의 과정에서 대표적인 생물학무기인 탄저균의 전체 게놈이 해석되었다. 그러나 게놈 연구의 성과물이 치명적인 생물학무기로 둔갑하지나 않을까 하는 의혹은 여전히 존재하고 있다. 한편, 미국 정부도 생물학무기 제조와 관련된 6,600여 건의 기술 문서에 대하여 일반 공개를 취소하였고, 더하여 더 많은 문서 공개를 취소하기 위한 정보 보안정책을 준비중이다. 이에 그치지 않고 미국 정부는 학술 저널에 대해서도 생물학무기 제조에 연관된 내용을 제한하고, 구체적인 실험결과는 삭제해 달라고 요구하였으며, 대표적인 과학잡지인 「사이언스」에서는 생물학무기에 이용될 가능성이 있는 연구결과는 자체적으로 보고하지 말자는 주장을 제창하고 있다. 그렇지만 학계에서는 연구성과에 대하여 공개를 제한하는 것에 대하여 학자들이 동료의 연구결과를 검토 및 검증하는 것을 막는 행위이기 때문에 과학의 토대가 흔들릴 수 있다고 밝혔다.

최근 미국에서의 생물학무기 방어책 연구

1990년대 후반에 미국에서는 국방첨단연구소(DARPA)를 설치하여 국방에 관련된 신기술을 개발하고 있다. 이곳에서는 생물학무기에 대한 대책으로 여러 가지 연구를 진행하고 있으며 캘리포니아에 위치한 맥시젠이라는 회사는 380만 달러의 자금을 지원받아서 탄저균과 탄저균 포자를 용해시켜 무력화하는 효소를 개발하고 있다. 더하여 맥시젠은 770만 달러의 자금을 지원받아서 생물학무기에 대한 예방효과를 나타내는 DNA 백신을 개발하고 있다. 기존의 백신은 생물학무기에 대하여 그다지 효과를 보이지 못하고 있는데다가 종종 부작용이 발생하는 경우도 있다. 그러나 병원균의 병원성에 대한 유전자 DNA를 사람에게 주입하여 전염에 대한 면역성만 발생시키고 백신 접종에 의한 부작용을 없애는 것이 가능하다고 한다.

또 다른 연구는 생물학무기 검출에 대한 연구이다. 지난 2000년 9월에 미 국방성은 록히드 마틴사에 의뢰하여 '연합 생물 위험지역 탐지 시스템'이라는 생물학무기 에어로졸을 감지하는 탐지기 970대를 10억 달러를 들여서 제작하였다. 그렇지만 이 기계는 1회 분석만 가능하며, 실제 시험해본 결과 고장이 잦고 생물학무기를 확인하지 못하는 경우도 많았다. 결국 새로운 방향으로 시선을 돌린 국방성은 생물학무기인 미생물들의 유전자를 지목하게 되었다. 캘리포니아 중부에 위치한 연방 과학기관인 로렌스 리버모어 연구소가 유전자를 이용한 탐지기의 개발에 뛰어들었다. 리버모어 연구소는 탄저균의 유전자와 상보적으로 결합하는 DNA 조각에 형광물질을 연결하였다. 이 DNA 조각을 탄저균과 혼합시키면 DNA 조각은 탄

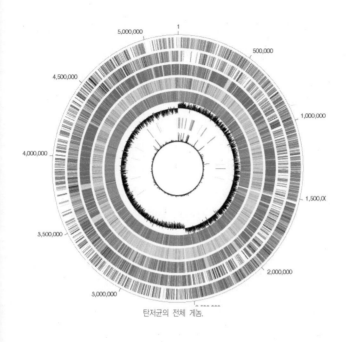

탄저균의 전체 게놈.

저균의 유전 정보에 결합하고 여기에 적당한 조명을 비추면 시료에서 빛이 발생하게 된다. 리버모어 연구소는 이 발명품을 소형으로 제작하여 시험관과 전자부품들을 서류가방에 들어갈 수 있는 장치와 포켓용 장치로 만들었으며, 이후 7분 안에 병원균을 확인할 수 있는 실리콘 칩이 들어있는 측정기도 완성하였다. 2001년에는 휴대용 핵산분석기도 상품화되었고, 현지에서 조사를 하는 이동식 연구실이 개발되어 현재 이용되고 있지만 이들 측정기들은 제한된 범위의 생물학무기에 대해서만 몇 분 만에 판독할 수 있는 수준이라고 한다.

그러나 생물학무기에 대한 대책도 연구적인 측면 이외의 어려움을 겪고 있다. 조지 W. 부시 행정부는 9.11 테러 이후에 25억 달러라는 천문학적인 예산을 들여서 생물 테러에 대한 연구소 설립의 계획을 추진하고 있다. 현재 생물학무기를 연구하는 각종 연구소와 실험실 등의 상당수가 대학 캠퍼스, 인구밀집 지역, 산업단지 등에 산재하고 있으며, 특히 고 위험도를 나타내는 생물학무기를 다루는 연구소들이 증가하고 있다고 한다. 이런 이유로, 테러공격의 위험성, 주거환경 파괴를 우려하는 지역주민들과 대립하게 되었으며, 시민 단체들의 대대적인 설치 반대 운동으로 충돌이 발생하고 있다. 보스톤 대학의 메디컬센터도 생물학무기에 대한 치료제 개발을 위한 연구소 설립을 추진하였지만 지역주민의 격심한 반대를 받고 있다. 샌프란시스코, 몬타나 등의 연구소들도 같은 상황이며, 유타 주립대학의 경우도 주민들의 반대로 생물무기연구소 설립을 철회하였다.

영화, 소설, 게임 속의 생물학무기

생물학무기도 소설, 영화 및 게임에서 자주 이용되고 있는 소재 중의 하나이며, 그 특성상 스파이물, 전쟁물, SF물 등에 주로 나타나고 있다. 실제 생물학무기에 대한 이야기로는 정현웅이 쓴 국내 소설인 『마루타』와 중국에서 제작한 영화 「마루타」가 있다. 이 소설과 영화에서는 731부대의 세균감염실험, 살아 있는 사람의 해부실험, 동상유발실험 등의 생체실험 장면을 사실적으로 묘사하고 있다. 특히 영화 마루타에서는 이시이 장군이 생물병기를 효과적으로 퍼트리기 위하여 도자기 폭탄을 고안하는 장면도 연출된다.

우리에게 생물학무기를 가장 잘 인식시킨 영화는 더스틴 호프만 주연의 「아웃브레이크」이다. 아웃브레이크는 전염병이 창궐하였다는 의미이며, 영화 속에서는 미국 군부에서 비밀리에 개발한 생물학무기 모타바 바이러스에 의하여 한 마을 전체가 바이러스에 전염이 된다. 군부는 생물학무기개발의 증거를 없애기 위하여 가장 강력한 화학무기로 마을을 통째로 증발시키려 한다. 이 영화에 등장하는 모타바 바이러스는 에볼라 바이러스보다 더 무시무시한 바이러스로 소개되고 있지만 특징도 에볼라와 유사하고 실제 에볼라의 사례를 소재로 많이 이용하고 있다. 에볼라의 발생이 확인된 나라인 자이레 (현 콩고)가 영화에서 모타바 바이러스가 발생한 나라로 나오고 있다. 또 바이러스를 옮기는 원숭이가 한국 국적의 태극호라는 배를 통하여 미국에 도착하게 돼서 한국인들의 감정을 상하게 한 일이 있지만, 실제 미국에서는 실험 목적으로 수입한 원숭이가 에볼라 바이러스 변종에 감염되어 미국으로 들어온 사례가 있다. 아웃 브레이크처럼 국가에서 생물학무기를 국가기밀로서 개발하는 소재로는 TV시리즈인 「X파일」의 스토리 중 하나인 「파인 버프 변이종」이 있다. 이 작품에 나오는 파인 버프는 미국의 생물학무기 생산공장이 있던 곳으로 이 공장에서 만들어낸 포도상구균의 변종을 반정부 테러리스트 단체가 입수하여 테러에 이용하려는 내용을 다루고 있다. 소피아 로렌, 애드 해리스 주연의 「카산드라 크로싱」에서는 3명의 테러리스트가 제네바에 있는 국제보건기구를 공격하다가 폐렴과 유사한 증상을 나타내는 치명적인 바이러스에 감염되게 된다. 이 중 하나는 사살되고 2명이 유럽을 관통하는 대류종단열차에 올라타게 되며, 열차의 승객들에게 연쇄적으로 바이러스가 전파된다. 이 바이러스는 미국 국방부에서 생물학무기로 비밀리에 개발하던 것으로 국방부는 사건을 은폐하기 위하여 열차를 붕괴 위험이 있는 다리인 카산드라 크로싱을 통과하게 한다. 공포영화의 대가 중 한 명이며 좀비[19]를 많이 다룬 감독인 조지 로메로의 「더 크레이지스」에서는 '트리엑스'라는 생물학무기를 다루고 있다. 이 바이러스를 운반하던 군용기가 애반스 시에 추락하고 상수원이 바이러스에 오염되어 전 도시에 바이러스가 퍼지게 된다. 바이러스에 감염된 사람들의 많은 숫자가 죽지만 생존한 나머지 사람들에게 폭력적인 성향의 정신병이 발생하여 살인을 저지르게 되며 이들을 진압하기 위하여 군대가 나선다.

스파이물에서도 악당들이 지구를 정복하기 위하여 생물학무기를 이용한 경우가 많다. 대표적인 스파이물인 「007」의 6편인 「여왕폐하 대작전」에서는 007의 숙적인 스펙터의 두목 블로펠트가 모든 생물들의 생식능력을 없애는 오메가 바이러스를 전세계로 퍼트리려는 계획을 세운다. 007의 제작자였던 헤리 셀즈먼이 만든 또 다른 영국 첩보원을 다룬 마이클 케인 주연의 영화 시리즈인 「해리 팔머」의 3편인 「10억 달러 두뇌」에서는 텍사스의 석유재벌이 소련을 공격하기 위하여 바이러스를 이용하고, 이 바이러스를 효과적으로 퍼트리기 위한 정보를 분석하는 10억 달러짜리 초대형 컴퓨터가 등장한다. 또 이 작품으로부터 28년 후를 다루고 있는 「베이징 익스프레스」에서는 소련에서 제조된 '붉은 죽음'이라 명명된 치명적인 변종 바이러스가 생물학무기로 이용되기 위하여 북한으로 수송되게 된다. 톰 크루즈 주연, 오우삼 감독의 스파이물인 「미션 임파시블 2」에서의 악당은 기존의 악당들이 전세계를 정복한다거나 상대편 국가에 테러로 이용하는 것과 같은 단순한 이유에서가 아니라 바이러스와 그 치료제를 동시에 이용하여 경제적인 이윤을 추구하려 한다. 이 영화에 등장하는 바이러스는 그리스 신화의 괴물인 '키메라'의 이름에서 따왔으며, 유전공학을 이용하여 독감 바이러스 치료제를 개발하던 중에 발생한 변종 바이러스이다. 이 바이러스의 치료제도 키메라를 죽인 그리스 신화의 영웅인 '벨레로폰'의 이름을 땄다. 한편 성룡, 김민 주연의 「엑시덴탈 스파이」에서는 최근 전세계를 강타한 SARS 바이러스와 유사한 급성 폐렴 바이러스가 등장한다.

생물학무기에 의하여 전 인류가 멸망하고 일부의 사람들만 남은 절망적인 미래를 다룬 작품들도 있다. 그 대표적인 작품은 테리 길리엄 감독, 브루스 윌리스 주연의 「12 멍키스」이다. 이 영화에서 '최후의 날'이라는 바이러스가 지구에 퍼진 후 전세계의 사람들은 대부분 죽고, 살아 남은 사람들은 전부 지하생활을 하게 된다. 주인공은 역사를 되돌리기 위하여 바이러스가 퍼진 과거인 1996년으로 시간여행을 떠나지만 바이러스의 확산을 막는 데 실패하게 된다. 리처드 매서슨의 소설인 『나는 전설이다』에서도 정체불명의 질병으로 전세계의 사람들이 감염된다. 지구상의 사람들의 대부분은 죽고, 죽지 않은 사람들은 빛을 두려워하고 몸이 기형적으로 변한 돌연변이가 되며, 치료제를 개발한 과학자만이 겨우 살아남아서 돌연변이들과 투쟁하며 혼자 고독하게 살게 된다. 이 소설은 빈센트 프라이스의 주연의 「지구 최후의 인간」과 찰턴 헤스턴 주연의 「오메가 맨」으로 두 번 영화화되었다. 스티븐 킹 원작으로 미니 시리즈로 제작된 「미래의 묵시록」에서도 캘리포니아에 위치한 군사기밀 연구소에서 우연한 사고로 치명적인 바이러스가 유출되어 시시각각으로 주변 지역으로 바이러스가 전파되어 나간다. 이 와중에 바이러스 전염에 의한 인간들의 엄청난 혼란과 정부의 음모 및 새로운 희망 등이 보여지고 있다. 무라카미 류의 소설 『바이러스 전쟁』에서도 죽음의 바이러스가 만연된 미래사회를 다루고 있고, 후카사쿠 킨지 감독의 「바이러스」에서는 미국과 소련이 냉전시대에 생물학무기를 사용하여 전세계의 인간들이 몰살되고 남극에 있는 탐험대만이 살아남게 된다. 대니 보일 감독이 만든 2003년 부천환타스틱 영화제에 출품된 작품인 「28일 후」에서는 영장류 연구시설에 동물권리 운동가들이 침입하여 실험용 침팬지를 풀어주게 된다. 그러나 이 침팬지들은 분노 바이러스에 감염되어 있으며, 침팬지가 사람을 물어서 바이러스를 전파하고, 또 다른 사람에게 전파되면서 모든 사람들이 좀비들로 변해간다.

1897년 웰즈의 소설 『우주 전쟁』에서는 지구를 침략하는 문어 형태의 화성인들의 모습이 그려지고 있다. 이 작품에서는 점점 추워지는 화성을 탈출한 화성인이 지구를 침략하고, 지구의 인간들은 화성인의 뛰어난 과학력에 의한 무기를 이기지 못하고 쫓겨나거나 외계인에게 사육되게 된다. 그러나 뛰어난 과학력을 가진 화성인들도 지구의 세균과 바이러스를 이겨내지 못하고 전부 멸종하게 된다. 1980년대에 파충류 외계인의 지구 침공을 다룬 「V」라는 미니 시리즈도 있다. 이 작품에서 외계인들은 인간을 식량원으로 이용하기 위하여 침공을 했고 지구인들은 저항군을 구성하여 대항한다. 저항군은 외계인을 연구하여 외계인의 몸에 알레르기 반응을 유발하는 세균을 찾아서 대규모로 생산하여 공기중에 퍼트려 외계인을 격퇴하게 된다. 한편 「X파일」 시리즈의 중심적인 스토리인 외계인의 침략에서는 인간의 몸을 완전히 장악해 버리는 '검은 기름'이라 불리는 외계인 바이러스가 등장하며 미국과 러시아의 정부에서는 이 바이러스에 대한 백신을 개발한다는 스토리가 있다.

「쥐라기 공원」으로 유명한 마이클 크라이튼의 데뷔작인 「안드로메다 스트레인」에서는 미국이 생물학무기로 개발할 병원균을 찾기 위하여 우주로 나가게 된다. 그러나 병원균을 채집한 인공위성 중 하나가 지구로 떨어지면서 지구에 전염병이 발발하게 되는 설정이 있다.

의학 스릴러 소설로 유명한 로빈 쿡은 생물학무기에 대한 많은 소설을 집필하였으며, 그 작품으로는 LA에 에볼라 바이러스 전염이 발생하는 『바이러스』, 뉴욕에 수많은 생물학무기 테러가 시행되는 『감염체』, 외계 바이러스의 침입을 다룬 『제3의 바이러스』, 생물학무기 테러를 본격적으로 다룬 『벡터』

가 있다. 이들 소설 중에서 마이클 크라이튼의 『안드로메다 스트레인』은 동명의 영화로 제작되었고, 로빈 쿡의 소설 『바이러스』도 영화로, 『제3의 바이러스』는 TV 미니 시리즈로 제작되었다.

밀라 요요비치 주연의 「레지던트 이블」에서는 미래세계를 지배하는 기업인 엄브렐라 그룹이 지하 연구소인 하이브에서 생물학무기로 이용할 바이러스를 만드는 유전공학 실험을 하다가 사고가 나서 바이러스가 유출되게 된다. 주인공과 사태를 수습하려고 온 특공대는 바이러스에 감염되어 좀비로 변한 직원들의 공격과 연구소를 통제하는 슈퍼컴퓨터의 방해를 피하며 바이러스의 유출을 막는다. 이 영화는 액션, 호러, SF가 혼합된 게임인 「바이오 하자드」의 게임 2로 스토리가 이어진다.

소련의 붕괴 이후 새로운 적을 찾는 미국에서는 아랍세계를 적으로 규정한 작품들이 많이 등장하고 있으며, 아랍세계는 생물학무기를 테러에 이용하는 것으로 그려지고 있다. 톰 클랜시의 소설 『집행명령』에서는 이란의 최고 지도자가 미국에 에볼라 바이러스로 테러 공격을 자행한다. 또 대표적인 전략 시물레이션 게임 중 하나인 커맨드&컨커 시리즈 중 하나인 제너럴에서도 지구해방군이라 명명된 아랍의 테러 집단이 미국에 생화학 테러를 감행하면서 세계대전이 개시된다. 지구 해방군은 미국의 최첨단 무기와 중국의 핵무기에 대항하기 위하여 독극물 트랙터, 탄저 폭탄 탑재 스커드 미사일, 바이오 폭탄과 같은 여러 생화학무기들을 전투에 이용한다.

영화, 소설, 게임 속의 생물학무기는 엄청난 위력을 발휘하여 지구의 전 인류를 멸망시키거나, 적어도 위협의 대상으로 작용하고 있다. 그러나 이 위협들은 극적 재미를 위하여 실제보다 확대해석된 경우가 많으며, 일부는 과학적인 오류를 범하고 있다. 현재의 기술로 이와 같은 엄청난 효과가 실제 날지조차 의문이 생기지만, 과학이 엄청난 발전을 이룬다면 완전히 불가능하지만은 않다는 생각도 든다. 하지만 무엇보다도 중요한 사실은 영화, 소설, 게임 속 이야기처럼 생물학무기가 사용되는 일은 없어야 한다는 것이다.

주

1) 세균에 기생하며 그 세균을 죽이는 바이러스.
2) 세균보다 작은 미생물. 크기는 약 0.3μm로 구형, 타원형, 아령형을 이루며 곤충을 매개로 하여 인체에 침입해서 질병을 일으킨다.
3) 바이러스와 세균의 중간적 성질을 가진 미생물로, 호흡기 감염증을 일으키며, 폐렴이 되는 예도 있다.
4) 1967년 서독의 마르부르크의 제약회사에서 연구원들과 그 가족에게 발생한 열병의 원인 바이러스이다. 에볼라 바이러스와 같은 과(科)에 속하며 증상도 유사한다. 실험동물로 이용하던 아프리카 초록원숭이가 원인으로 확인되었다.
5) 1969년 나이지리아의 라싸 마을에서 발생한 열병의 원인 바이러스로 아프리카 들쥐에 의하여 감염된다. 인플루엔자와 비슷한 증상이 나타난다.
6) 하나님이 이스라엘 백성에게 주셨다는 십계명이 새겨진 돌비를 담은 궤.
7) 소아시아의 시리아 북부를 무대로 기원전 2000년경에 활약했던 인도-유럽계의 민족.
8) 기원전 2500년경에 이라크 북부에 세워졌던 국가로 기원전 1000년에 최초로 기병을 전투에 이용하였다.
9) 기원전 6~3세기에 남부 러시아의 초원지대에서 활약한 기마 유목 민족.
10) 기원전 720년경에 북아프리카에 건설된 도시국가로서 지중해에서 무역으로 번영하였다.
11) 중앙아시아의 스텝 지대에 거주하였던 투르크계의 유목기마 민족으로 중국 고대사에 등장하는 흉노족이라는 설도 있다.
12) 말이나 노새 등의 동물에 전염되어 비강, 기관점막, 폐 등에 결절, 농양, 궤양을 형성하는 접촉성 전염병.
13) 소와 돼지의 생식기에 주로 감염되는 질환으로 사람에게 감염되면 열이 발생하고 상태가 악화되면 관절염과 치매를 유발한다. 국내에서는 2002년에 사람에게 감염된 사실이 확인되었다.

14) 클로스트리디움 퍼프린젠스(*Clostridium perfringens*)를 칭하는 말로 식중독과 괴사성 장염을 일으킨다.

15) 아스퍼질러스(*Aspergillus*) 계열의 곰팡이가 생산하는 독소로 사람에게 암을 유발시킨다.

16) 기체 내에 있는 매우 미세한 고체나 액체 입자의 부유물을 만드는 방법.

17) 알레르기 반응과 염증에 관여하는 단백질의 일종.

18) 감기를 일으키는 여러 바이러스 중 하나로 처음 닭에서 발견되었다. 전자현미경으로 관찰하면 태양 외곽의 붉고 둥근 띠를 뜻하는 코로나(corona)와 비슷하여 이렇게 명명되었다.

19) 부두교에서 값싼 노동력을 구하려고 사람들에게 마약을 먹여 가사 상태에 빠지게 한 후 장례식을 치르면 무덤을 파고 그 사람을 깨워 노예로 이용한다. 이들 노예가 된 사람을 좀비라고 부르며 마약을 미끼로 일을 시키는데, 최근의 공포 영화나 소설 등에서는 이들 노예들을 죽었다가 되살아난 괴물로 그리고 있다.

참고문헌

1. 다큐멘터리
　「생화학테러 비상, 보이지 않는 공포가 온다」, 일요스페셜,
　　KBS.
　「731부대는 살아 있다」, 일요스페셜, KBS.
　「Bioterror : The invisible enemy」, 영국 Discovery Channel.
　「Plague War Frontline」, 미국 PBS.

2. 서적
　김우호, 『바이러스의 세계』, 전파과학사, 1976.
　이호왕, 『바이러스와 반세기』, 시공사, 2003.
　나카하라 히데오미 외, 이상철 외 옮김, 『생물테러-눈에 보이
　　지 않는 위협』, 백산출판사, 2003.
　로버트 멀케히, 강윤재 옮김, 『세균과의 전쟁, 질병 *Diseases,
　　Finding Cure*』, 지호, 2002.
　버나드 딕슨, 이재열·김사열 옮김, 『미생물의 힘 *Power Unseen*』,
　　사이언스북스, 2002.
　아노카렌, 권복구 옮김, 『전염병의 문화사 *Man and Microbes*』, 사
　　이언스북스, 2001.
　어니스트 볼크먼, 석기용 옮김, 『전쟁과 과학, 그 야합의 역사
　　Science goes to War』, 이마고, 2003.
　윌리엄 H. 맥닐, 허정 옮김, 『전염병과 인류의 역사 *Plagues and
　　Peoples*』, 한울, 1992.
　제레드 다이아몬드, 김진준 옮김, 『총, 균, 쇠 *Guns, Germs and
　　Steel*』, 문학사상사, 1998.
　주디스 밀러 외, 김혜원 옮김, 『세균전쟁 *Germs*』, 황금가지,
　　2002.
　피터 그레이, 장동현 옮김, 『아일랜드 대기근』, 시공사, 1998.

3. 인터넷 정보
　http://www.dongascience.com/news/special/biowp.asp

http://www.pbs.org/wgbh/nova/bioterror/

http://www.bt.cdc.gov/

http://www.terrorismfiles.org/weapons/anthrax_biological_warfare_a
gent.html

http://bric.postech.ac.kr/issue/biochemistry(1).html

http://bric.postech.ac.kr/issue/biochemistry(2).html

http://www.newscientist.com/hottopics/bioterrorism/

http://jbreview.jinbo.net/journal/0109/0109choihr.htm

http://www.roachbusters.co.kr/cgi-bin/read.cgi?board=common&y_n
umber=6

http://usa.maruta.pe.kr

http://www.telemedicine.org/BioWar/biologic.htm

생물학무기

| 펴낸날 | 초판 1쇄 2003년 8월 15일 |
| | 초판 4쇄 2018년 11월 23일 |

지은이	배우철
펴낸이	심만수
펴낸곳	(주)살림출판사
출판등록	1989년 11월 1일 제9-210호

주소	경기도 파주시 광인사길 30
전화	031-955-1350 팩스 031-624-1356
홈페이지	http://www.sallimbooks.com
이메일	book@sallimbooks.com

| ISBN | 978-89-522-0120-1 04470 |
| | 978-89-522-0096-9 04080(세트) |

126 초끈이론 아인슈타인의 꿈을 찾아서   `eBook`

박재모(포항공대 물리학과 교수) · **현승준**(연세대 물리학과 교수)

빠르게 발전하고 있는 초끈이론을 일반대중이 이해할 수 있도록
쉽게 풀어쓴 책. 중력을 성공적으로 양자화하고 모든 종류의 입자
와 그들 간의 상호작용을 포함하는 모형으로 각광받고 있는 초끈
이론을 설명한다. 초끈이론을 이해하기 위해 필요한 양자역학이
나 일반상대론 등 현대물리학의 제 분야에 대해서도 알기 쉽게 소
개한다.

125 나노 미시세계가 거시세계를 바꾼다   `eBook`

이영희(성균관대 물리학과 교수)

박테리아 크기의 1000분의 1에 해당하는 크기인 '나노'가 인간
세계를 어떻게 바꿔 놓을 것인지에 대한 해답을 제시하는 책. 나
노기술이란 무엇이고 나노크기의 재료들은 어떻게 만들어지는가,
나노크기의 재료들을 어떻게 조작해 새로운 기술들을 이끌어내는
가, 조작을 통해 어떤 기술들을 실현하는가를 다양한 예를 통해 소
개한다.

448 파이온에서 힉스 입자까지   `eBook`

이강영(경상대 물리교육과 교수)

누구나 한번쯤 '우주는 어디에서 시작됐을까?' '물질의 근본은 어
디일까?'와 같은 의문을 품어본 적은 있을 것이다. 물질과 에너지
의 궁극적 본질에 다가서면 다가설수록 우주의 근원을 이해하는
일도 쉬워진다고 한다. 이 책은 바로 이러한 질문들의 해답을 찾기
위해 애쓰는 물리학자들의 긴 여정을 담고 있다.

035 법의학의 세계   `eBook`

이윤성(서울대 법의학과 교수)

최근 드라마나 영화를 통해 일반인의 호기심을 자극하고 있지만
거의 알려지지 않은 법의학을 소개한 책. 법의학의 여러 분야에 대
한 소개, 부검의 필요성과 절차, 사망의 원인과 종류, 사망시각 추
정과 신원확인, 교통사고와 질식사 그리고 익사와 관련된 흥미로
운 사건들을 통해 법의학에 대한 이해를 돕는다.

395 적정기술이란 무엇인가　eBook

김정태(적정기술재단 사무국장)

적정기술은 빈곤과 질병으로부터 싸우고 있는 전 세계의 사람들에게 희망을 안겨주는 따뜻한 기술이다. 이 책에서는 적정기술이 탄생하게 된 배경과 함께 적정기술의 역사, 정의, 개척자들을 소개함으로써 적정기술에 대한 기본적인 이해를 돕고 있다. 소외된 90%를 위한 기술을 통해 독자들은 세상을 바꾸는 작지만 강한 힘이란 무엇인가에 대해서 알 수 있을 것이다.

022 인체의 신비

이성주(코리아메디케어 대표)

내 자신이었으면서도 여전히 낯설었던 몸에 대한 지식을 문학, 사회학, 예술사, 철학 등을 접목시켜 이야기해 주는 책. 몸과 마음의 신비, 배에서 나는 '꼬르륵' 소리의 비밀, '키스'가 건강에 이로운 이유, 인간은 왜 언제든 '사랑'할 수 있는가에 대한 여러 학설 등 일상에서 일어나는 수수께끼를 명쾌하게 풀어 준다.

036 양자 컴퓨터　eBook

이순칠(한국과학기술원 물리학과 교수)

21세기 인류 문명에서 가장 중요한 요소 중의 하나로 꼽히는 양자 컴퓨터의 과학적 원리와 그 응용의 효과를 소개한 책. 물리학과 전산학 등 다양한 학문적 성과의 총합인 양자 컴퓨터에 대한 이해를 통해 미래사회의 발전상을 가늠하게 해준다. 저자는 어려운 전문용어가 아니라 일반 대중도 이해가 가능하도록 양자학을 쉽게 설명하고 있다.

214 미생물의 세계　eBook

이재열(경북대 생명공학부 교수)

미생물의 종류 및 미생물과 관련하여 우리 생활에서 마주칠 수 있는 여러 현상들에 대해, 알기 쉽게 풀어 설명한다. 책을 읽어나가며 독자들은 미생물들이 나름대로 형성한 그들의 세계가 인간의 그것과 다름이 없음을, 미생물도 결국은 생물이고 우리와 공생하고 있다는 사실을 알 수 있을 것이다.

375 레이첼 카슨과 침묵의 봄

김재호(소프트웨어 연구원)

『침묵의 봄』은 100명의 세계적 석학이 뽑은 '20세기를 움직인 10권의 책' 중 4위를 차지했다. 그 책의 저자인 레이첼 카슨 역시 「타임」이 뽑은 '20세기 중요인물 100명' 중 한 명이다. 과학적 분석력과 인문학적 감수성을 융합하여 20세기 후반 환경운동에 절대적 영향을 준 레이첼 카슨과『침묵의 봄』에 대한 짧지만 알찬 안내서.

277 사상의학 바로 알기

장동민(하늘땅한의원 원장)

이 책은 사상의학이라는 단어는 알고 있지만 심리테스트 정도의 흥밋거리로 알고 있는 사람들에게 바른 상식을 알려 준다. 또한 한의학이나 사상의학을 전공하고픈 학생들의 공부에 기초적인 도움을 준다. 사상의학의 탄생과 역사에서부터 실생활에서 적용할 수 있는 간단한 사상의학의 방법들을 소개한다.

356 기술의 역사 멘석기에서 유전자 재조합까지

송성수(부산대학교 기초교육원 교수)

우리는 기술을 단순히 사물의 단계에서 생각하기 쉽다. 하지만 기술에는 인간의 삶과 사회의 배경이 녹아들어 있다. 기술의 역사를 통해 우리는 기술과 문화, 기술과 인간의 삶을 연결시켜 생각할 수 있게 될 것이다. 이 책을 읽은 후 주변에 있는 기술을 다시 보게 되면, 그 기술이 뭔가 다른 느낌으로 다가올 것이다.

319 DNA분석과 과학수사

박기원(국립과학수사연구소 연구관)

범죄수사에서 유전자분석에 대한 관심이 커지고 있지만 간단하게 참고할 만한 책은 거의 없는 실정이다. 이 책은 적은 분량이지만 가능한 모든 분야와 최근의 동향을 소개하고 있다. 특히, 내용의 이해를 돕기 위하여 서래마을 영아유기사건이나 대구지하철 참사 신원조회 등 실제 사건의 감정 사례를 소개하는 데도 많은 비중을 두었다.

eBook 표시가 되어있는 도서는 전자책으로 구매가 가능합니다.

㈜살림출판사
www.sallimbooks.com
주소 경기도 파주시 문발동 522-1 | 전화 031-955-1350 | 팩스 031-955-1355